100세 쇼크

100세 쇼크

지은이 | 전도근
펴낸곳 | 북포스
펴낸이 | 방현철

1판 1쇄 찍은날 | 2011년 8월 16일
1판 1쇄 펴낸날 | 2011년 8월 20일

출판등록 | 2004년 02월 03일 제313-00026호
주소 | 서울시 영등포구 양평동5가 18 우림라이온스밸리 B동 512호
전화 | (02)337-9888
팩스 | (02)337-6665
전자우편 | bhcbang@hanmail.net

ISBN 978-89-91120-55-6 03330

값 14,000원

꼭 알아야 할 불편한 진실

100세 쇼크

| 전도근 지음 |

북포스

오래 살고자 하는 욕망을 간직해 온 인간에게 '장수'는 큰 복이었다. 평균수명이 늘어난 오늘날 이 꿈은 실현되고 있으나 마냥 기뻐할 수만은 없다. 수명은 길어지는데 안전한 노후 대비책이 미흡하기 때문이다.

현대인의 4명 중 1명은 노후 준비가 되어 있지 않다고 한다. 경제협력개발기구에 따르면 한국의 65세 이상 가구의 상대빈곤율, 즉 소득 수준이 중간소득층의 50% 이하인 가구 비율이 45%로 OECD 회원국 중 가장 높다.

우리는 흔히 노인에 대해 "걸어 다니는 지혜"라는 찬사를 보내곤 하지만 인생의 어른으로 존경받아야 할 노인에 대한 사회 경제적 대우는 처량하고 서글프다. 대다수의 한국 노인은 빈곤과 질병, 고독, 역할 상실 등 '노인 사고'에 시달리고 있다. 그래서 오죽했으면 99세까지 88하게 살다가 2~3일 아픈 뒤 죽었으면(4) 좋겠다는 '9988234'란 유행어까지 나왔을까.

이미 우리나라는 65세 이상의 인구가 11%를 넘어선 고령사회이며, 향후 2026년에는 노년층이 전체 인구의 20%에 도달하여 초고령 사회로 접어들 것이라 한다. 이대로라면 2050년에는 우리나라 노인 인구의 비율은 37.3%로, 고령화 속도가 세계에서 가장 빠르다는 일본을 따돌리고 세계 제1위를 차지할 것이다.

현재 우리나라는 평균적으로 성인 6명이 노인 1명을 부양하고 있지만, 20년 뒤면 3명이 1명을 부양하는 시대가 될 것이라고 한다. 이러한 변화는 국가와 사회, 현 세대와 미래 세대에게 커다란 부담과 숙제를 안겨주는 문제이다. 국민연금, 건강보험, 노인 장기요양보험, 기초노령연금 등 막대한 재원을 필요로 하는 노인복지 관련 제도는 국민들의 조세, 보험료, 연금 납입액을 상승시켜 국민들의 경제적 부담이 가중되기 때문이다. 더욱이 이러한 노인복지 재원을 마련한다 해도 증가하는 노인 문제를 해결하기에는 벅차다. 그래서 이미 여러 나라에서는 노인 복지제도를 축소하고 있으며, 우리나라에서도 20~30년 뒤에는 연금이 바닥이 난다는 예측도 나오고 있다.

이처럼 고령화에 대한 국가의 대비가 불확실한 상황에서 개인은 국가의 혜택에 의지하기보다는 자생력을 키워야 한다. 현재 은퇴 시기를 맞이한 국내의 베이비부머 세대들은 부모와 자녀의 양육에 자신의 경제적 능력을 바쳐온 경향이 있다. 특히 자녀들의 교육비, 결혼자금, 사업자금 등으로 소득의 대부분을 지출한 편이다. 그러다 보니 정작 자신들의 노후에 대해서는 설계하지 못한 상태로 자녀들에게 의지하게 되었다. 문제는 개인주의적 성향이 강한 자녀들이 전통적인 부모 봉양의 가치관을 이행하지 못할 것이라는 전망이다.

그러한 우려는 이미 나타나고 있다. 자녀들을 상대로 부양료 청구 소송을 제기하는 부모들이 늘고 있으며, 자녀들에게 버림받는 부모들도 증가하고 있다. 뿐만 아니라 몸은 점점 노화되어 의료비 지출이 점점 늘어나고, 배우자나 주변의 친구가 하나 둘씩 세상을 떠나는 모습을 보면서 우울증에 시달리고, 이 모든 상황이 축적되어 노인 자살로 이어지고 있다.

노인 문제가 심각하다고들 주장하지만 미래에 다가올 충격이 어느 정도일지는 어느 누구도 단정하기 힘든 실정이다. 정부에서도 다양한 측면에서 미래를 예측하고 그에 대한 대책을 강구하고는 있지만 예전에 한 번도 겪어보지 못한 노인 문제를 해결하기란 쉽지 않을 것이다. 어쩌면 노후나 죽음에 관련된 일들은 더 이상 생각하기 싫고 알고 싶지 않은 불편한 진실일 수도 있다.

이 책은 우리의 현실과 미래에 대해 알아야 할 진실을 이야기하고 있다. 노인들이 처한 현실과 노인 문제가 무엇이며, 노인이 되었을 때 어떤 일들이 생기는가에 대한 사실을 바탕으로 노후의 삶에 대한 방안을 모색하고 있다.

　미리 앞날을 예측하고 준비한다면 충격을 줄일 수 있지만 외면한 채 노후를 맞는다면 쓸쓸한 최후를 맞이할 수도 있다. 노후를 대비하려는 이들, 노인 관련 사업에 종사하는 이들에게 이 책이 도움이 되길 바란다.

2011.7
전도근

제1장

100세 쇼크가
다가오고 있다

"단순히 오래 산다고 해서 늙는 것이 아니다. 사람들이 늙어가는 이유는 목적과 이상을 잃어버리기 때문이다. 세월은 피부를 주름지게 할 뿐이나, 무관심은 영혼마저 주름지게 한다. 머리를 숙여 성장하는 영혼을 흙으로 되돌리는 것은 긴 세월이 아니라 근심, 의심, 자신감의 결여, 두려움, 절망과 같은 것들이다."

: 더글러스 맥아더 장군

O씨의 노년 스토리

건강이 노후 대비의 0순위!

68세의 O씨는 현재 건강하게 아내와 행복한 생활을 하고 있다. 그는 젊었을 때부터 사업을 했기 때문에 경제적으로 노후를 대비할 여유가 있었던 것이다. 그러나 그가 더 자랑스러워하는 것은 젊은 사람못지 않은 건강이었다.

O씨가 이처럼 건강에 대하여 자신감을 가지게 된 것은 젊었을 때부터 열심히 관리를 해왔기 때문이다. 그는 35세 때 일찌감치 직장을 그만두고 무역 업무 경험을 토대로 하여 창업을 했다. 그런 그가 건강에 관심을 가지게 된 것은 일본에 출장을 자주 다닐 때 장수노인들과의 만남 덕분이다. 일본에 갈 때마다 장수하는 노인들의 특징을 유심히 살펴보니, 그들은 소식小食을 하며 자극이 강한 음식은 먹지 않는다는 사실을 알게 되었다. 게다가 적당한 운동, 공기 맑고 물 맑은 환경이 장수의 비결이라는 사실도 알게 되었다.

그는 일본의 장수 노인들을 보고 자신이 건강을 제대로 돌보지 않았음을 후회하였다. 앞으로 의료기술이 더욱 발전함에 따라 수명이 늘어간다는 점을 감안할 때 일찌감치 건강관리를 하기로 결심한 것이다.

O씨는 우선 끼니를 거르는 습관을 고쳤다. 하루 세 끼를 먹되 적게 먹고 건강식품 위주로 섭취하였다. 규칙적인 수면습관을 지켰으며 아침 일찍 유산소 운동을 했다. 그 결과 몸이 많이 거뜬해지면서 전보다 피곤한 느낌이 줄어들었다.

뿐만 아니라 주거공간까지 바꾸어 서울에서 가까운 경기도 인근의 전원으로 이사하였다. O씨는 60세가 되었을 때 자신의 일을 자녀들에게 맡기고 은퇴하였다. 그리고 전원에서 자신이 먹을 채소들을 직접 재배하는 생활을 즐겼다.

현재 O씨는 70세를 앞두고 있지만 또래 친구들에 비하면 피부 탄력이나 근력이나 운동능력이 훨씬 젊은 편이다. 그 비결에 대해 그는 젊었을 때부터 건강관리를 해왔기 때문이라고 믿고 있으며, 지금도 매일 아침마다 속보로 2Km를 걷는다. 그가 무엇보다 중요하게 생각하는 것은 웬만하면 화를 내거나 스트레스를 받지 않도록 마음을 다스리는 것이다. O씨는 앞으로 20년 동안은 충분히 지금처럼 건강할 수 있다고 믿고 있다.

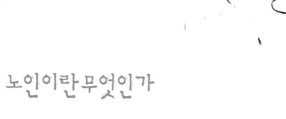

노인이란 무엇인가

'노인'이란 일상적으로 사용되고 있는 용어지만 그 개념을 명확하게 정의하기가 그리 쉽지 않다. 사전적으로는 '나이가 많은 사람'을 뜻하는데, 이런 단순한 개념으로는 노인을 충분히 설명할 수 없다. '노인老人'의 '老'자가 '땅 위에 지팡이를 짚고 다니는 늙은 사람'을 형상화한 글자인 것처럼, 노인은 육체적인 노화와 함께 사회적 정서적으로도 변화를 수반한다. 즉 사회·문화적 환경에 대한 적응 능력이 떨어지고 경제 활동도 현저히 줄어들며, 정서적으로는 불안과 우울 그리고 슬픔을 자주 느끼게 된다.

흔히 노인의 구분 기준은 '나이'인데, 사실 노화의 차이를 인식하는 나이의 기준은 다양하다. 즉 생물학적 나이, 심리적 나이, 사회적 나이, 주관적 나이, 기능적 나이 등 다양한 기준이 있다.

1951년 미국에서 개최된 '국제노년학회의'에서 정의한 노인이란 "인간의 노화 과정에서 나타나는 생리적 · 심리적 · 환경적 변화 및 행동의 변화가 복합적으로 상호작용하는 과정에 있는 사람"

노인의 구분

구분	특징
신체적 나이 (chronological age)	• 달력에 의한 나이 • 법률, 행정절차, 관습의 기준으로 모든 사람에게 똑같이 적용
생물학적 나이 (biological age)	• 개인의 생물학적, 생리적 발달과 성숙의 수준과 신체적 건 강수준을 나타내는 나이 • 신체적 활력을 나타내는 지표(폐활량, 혈압, 신진대사, 근육의 유연성 등)
심리적 나이 (psychological age)	• 경험에 근거한 심리적 성숙과 적응수준을 나타내는 나이 • 기억, 학습, 지능, 신체적 동작, 동기와 정서, 성격과 적성 특성 등 여러 가지 심리학적인 측면에서의 성숙수준 함께 고려
사회적 나이 (social age)	• 하나의 규범으로 정하고 있는 나이 예를 들면 교육연령, 결혼 및 출산적령기, 취업연령, 은퇴 연령, 자녀결혼, 손자녀 출생 등이 해당 • 사회적 나이에 따라 사회적 지위가 결정되고 역할에 대한 기대감이 각각 다르게 형성
주관적 나이 (자각연령) (self-awareness age)	• 신체적, 생물학적, 심리적, 사회적 나이에 관계없이 자신이 스스로 느끼는 나이 예를 들면 비록 신체적 나이가 70이 넘었다 하더라도 스스 로 50세 중년이라 느끼고 그 수준에서 사업과 사회적 활동 에 적극 참여한다면 그의 자각연령은 50세
기능적 나이 (functional age)	• 개인의 신체적, 심리적, 사회적 기능 등의 정도에 따라 노 인을 규정하는 나이 • 신체적, 심리적, 사회적 영역 등에서 특정 업무를 적절히 수행할 수 없는 경우를 노인으로 정의 • 개인 및 개인 간의 노화의 특성이 다름을 감안함

이다. 아울러 노인에 대한 개념을 여러 측면에서 설명하였는데, 노인이란 자체 조직에 결손을 가진 사람, 통합 능력이 감퇴되어 가는 시기에 있는 사람, 생활체의 기관이나 조직, 기능의 쇠퇴 현상이 일어나는 시기에 있는 사람, 적응성에서 정신적으로 결손되어 가는 사람, 조직 및 기능 저장의 소모로 인해 적응 감퇴 현상이 있는 사람이라는 것이다.

노인에 대한 명칭은 서양에서는 '늙은 사람Older Person', '나이 든 사람the Aged', '연장자the Elderly' 등의 호칭 대신 '원로시민Senior Citizen', '황금 연령층Golden Age' 등으로 높여서 호칭을 한다. 프랑스에서는 '제3세대층', 스위스에서는 '빨간 스웨터', 유럽에서는 또한 50세 전후부터 75세까지를 새로운 중년기라는 뜻으로 '서드 에이지Third Age'라고도 부르는데, 최근 중년과 노년에 대한 새로운 대체어로 부상하고 있다.

중국에서는 50대를 '숙년熟年', 60대를 '장년長年', 70대 이상을 '존년尊年'이라고 부르기도 한다. 가까운 일본에서는 노인들이 흰 머리카락이 많은 것을 비유하여 '실버'라는 용어를 사용하기도 하고, '노년老年' 또는 사회적 공헌에 대한 감사의 뜻을 내포한 '고년자高年者'라고 표현하기도 한다. 우리나라는 일본에서 시작된 '실버'를 빌려 표현하는 경우가 많다.

미국 시카고대학의 심리학 교수인 버니스 뉴가튼은 노인 세대를 나이에 따라 구분하였는데, 55세~65세까지를 '연소 노인Young old', 65~75세까지를 '중고령 노인Middle old', 85세 이상을 '올디스트Oldest'로 구분하였다. 그는 65세까지는 '젊은 늙은이'로 구분하여 '노인'으로 볼 수 없다는 견해를 폈다.

나이에 따른 노인 구분

구분	나이	특징
연소 노인 (young old)	55~65세	직업적, 사회적 성취가 최고 수준
중고령 노인 (old old)	75~85세	대부분 퇴직한 상태지만 대부분 심각한 노화 상태는 아님
올디스트 (Oldest)	85세 이상	신체적 노화가 진전되어 병약하고 의존 상태임

정책적으로 노인 기준을 65세 이상으로 정한 건 인간의 평균수명이 50세에도 미치지 못했던 19세기 후반의 독일 재상 비스마르크였다. 그런데 현재 우리나라의 남녀 평균수명은 각각 77세, 83.8세이다. 단순 스케일로 따져도 19세기 후반의 65세는 오늘날 약 90세에 해당하는 나이로, 고령자 기준이 비현실적이라는 주장은 타당성이 있어 보인다.

현재 우리나라 노인복지법에서는 65세 이상을 노인이라 하며, 국민연금법에서는 60세 이상을 노인이라고 한다. 예전부터 우리는 고연령층을 회갑回甲, 60, 고희古稀, 70, 희수稀壽, 77, 율수韭修, 80, 미수米壽, 88, 졸수卒壽, 90, 백수白壽, 99 등으로 표현해 왔지만, 전체를 총칭하여 부르는 '노인'이라는 표현 외에 '실버' 또는 '시니어'라고 부른다. 시니어는 50세 이상을 말하며, 실버는 65세 이상을 말한다.

그러나 '노인'이나 '실버'라는 표현이 요즘에는 공경의 의미보다는 부정적 의미로 사용되어 최근에는 '어르신'이라는 용어로 대체되고 있다. 또한 자신의 부모와 같다는 의미에서 '어머님, 아버님'이라고 표현하기도 하고 '할머님, 할아버님'이라고 호칭하기도 한다. 존경할 만큼 점잖은 대상에게는 '선생님'으로 부르기도 한다. 예전에는 존경의 의미를 담고 있는 '아주 큰 아버지와 같은 존재'라는 의미를 지닌 '한아비'라는 용어가 사용되기도 하였다.

요즘처럼 노인들의 수명이 연장되고 역할이 달라짐에 따라 명칭에 대해서도 변화가 요구되고 있으며, 노인에 대한 정의를 새롭게하려는 움직임들이 나타나고 있다.

호모 헌드레드 시대

누구나 피하고 싶은, 그러나 모든 사람에게 공평하게 주어진 운명이 바로 늙어 죽는 것이다. 그리고 우리는 늙어가는 과정을 통해 죽음을 향해 조금씩 다가간다는 사실을 느낀다. 할 수만 있다면이 서글픈 과정을 피하고 싶은 게 인지상정이지만, 최소한 곱게 늙었으면 하는 바람 또한 모든 사람의 소망이기도 하다.

예전에는 노인에게 "오래 사세요." 하고 인사했다면, 요즘은 유행처럼 "99세까지 팔팔하게 사세요." 하고 인사를 드리곤 한다. 이 말 속에는 건강하게 오래 살기를 기원하는 의미가 담겨 있다. 즉 오래 사는 것이 중요한 게 아니라 죽기 전까지 '팔팔하게' 사는 것이 중요하다는 뜻이다.

그렇다면 과연 인간의 수명은 어느 정도일까? 성경에는 인간의 수명을 120세로 적고 있듯이, 고대로부터 수명에 관한 관심은 지대했다. 최근에는 미국 텍사스대학의 스티븐 오스태드 교수가 수명에 관한 발표를 하였는데, "앞으로 20~30년 안에 인간 수명을

30% 정도 연장시키는 약이 개발돼 지금 살아 있는 사람 중 한 명은 첫 번째 '150세 기록'을 세울 것"이라는 전망이다. 굳이 이러한 전망에 기대지 않더라도 요즘 의학자들은 인간의 수명 연장에 대해 공통적인 견해를 나타내고 있다. 예를 들어 세계 31개국의 기대수명이 80세를 넘는 가운데 100세 이상 노인 인구가 급증하는 '호모 헌드레드Homo-Hundred'시대를 선고한 것이다.

지금까지 가장 오래 산 사람은 영국인 토마스 파Thomas Parr_ 1438~1589로 알려지고 있다. 152세까지 장수했던 그는 키 155cm에 몸무게 53kg이었다고 한다. 그는 80세에 첫 결혼을 하여 1남 1녀를 두었고, 122세에 재혼까지 했다. 그에 관한 소문이 파다해지자 당시 영국 국왕이었던 찰스 1세는 그를 왕궁으로 초대하여 생일을 축하해 주었는데, 그 자리에서 과식을 한 것이 원인이 되어 2개월 후 사망했다고 한다. 유명한 화가 루벤스에게 그의 초상화를 그리게 했는데 이 그림이 바로 유명한 위스키 'Old Parr'의 브랜드가 되어 오늘날까지 전해 내려오고 있다.

두 번째로 오래 살았던 사람은 출생증명서가 없어 기네스북에 오르지 못했지만 141세까지 살았던 네팔의 비르 나라얀 차우다리 마즈히라는 사람이다. 당시만 해도 네팔에서는 출생증명서를 발급하는 제도가 아예 없었기 때문에 세계적 공인을 받지는 못했지만 그는 일생에 두 차례의 결혼을 했고 고손자까지 합쳐 23명의 자손을 두었다.

기네스북에 등재되어 있는 최장수 타이틀은 124세에 생을 마친 프랑스의 잔 칼망Calment, 1875~1997이다. 이 여성은 85세에 펜싱을 배우고 100세까지 자전거를 타고 다녔다. 110세에 요양원에 들어가긴 했지만 117세까지 흡연을 하였다고 한다.

이외에도 100세를 넘긴 사람은 셀 수 없이 많으며, 우리나라에서만도 현재 1,000명이 넘는다. 1년에 0.5세 정도씩 평균수명이 증가하는 지금의 추세로 볼 때, 100세 시대를 맞이하기까지는 그리 오래 걸리지 않을 것이다.

그렇다면 과연 장수의 비결은 무엇일까? 하는 질문에 대한 답변은 세계적으로 유명한 8대 장수촌에서 찾아볼 수 있을 것이다. 바로 일본의 오키나와, 파키스탄의 훈자마을, 중국의 신장, 에콰도르의 빌카밤바, 불가리아의 소피아, 그루지아의 코카스, 중국의 위구르 마을, 스페인 루드루 마을, 일본의 유즈리하라 지방을 꼽을 수 있다. 이들 장수촌이 모두 가진 특징을 보면 다음과 같다.

: 활성산소(산소라디칼) 반응의 정도를 줄인다.

: 적게 먹는다.

: 항산화 성분이 많은 식품이나 항산화제를 먹는다.

: 지방이 적은 음식을 먹는다.

: 스트레스를 덜 받는다.

: 엔돌핀을 생성시키는 웃는 마음, 기쁜 마음을 갖는다.

: 좋은 공기를 마신다.

: 좋은 물을 마신다.

: 가공되지 않은 순수 자연식품을 먹는다.

고려대 통계학과 박유성 교수팀은 1997~2007년까지 10년간의 통계청 자료出生者·死亡者·死亡원인 統計를 토대로 한국인의 새로운 기대 수명을 계산한 바 있는데, 100세 시대는 통계청의 예측보다 훨씬 빨리 다가올 것으로 나타났다.

그렇지만 우리 사회의 모든 제도·시스템과 국민 인식은 여전히 '80세 시대'에 머물러 있다. 연금·복지·보건·국가재정은 물론 교육·취업·정년제도, 개인의 재테크와 인생 플랜이 모두 '60세에 은퇴해서 80세까지 사는 것'을 전제로 짜여 있다. 즉 '20대까지 배운 지식으로 50대까지 일하고, 60대 이후엔 할 일이 막막해지는' 형국이다. 이것을 '평생 끊임없이 배우고, 가능한 한 오랫동안 건강하게 일하는' 체제로 바꿔야 행복한 100세 시대를 맞을 수 있다. 어떻게 준비하고 대응하느냐에 따라 우리의 노년은 격심한 차이를 드러낼 것이 자명하다.

장수의 비결은 무엇인가

서울대 노화고령사회연구소장 박상철 교수는 '집짓기 모델'이라는 명칭으로 장수에 대한 분석을 발표하였다. 의료팀, 식품영양팀, 그리고 가족학·인류학·생태환경·사회복지·경제지리팀과 연계한 연구로, 장수의 구조적 특성을 건축에 비유한 것이다. 즉 장수의 기본적인 토대는 유전자·성별·성격·사회문화·환경생태이며, 장수의 기둥 역할이 되는 것은 운동·영양·관계·참여, 장수의 지붕 역할은 사회안전망·의료시혜·사회적 보호라는 것이다.

이처럼 장수란 한두 가지의 요인으로 인해서 이루어지는 것이 아니라 사람을 둘러싼 환경적 요소, 영양적 요소, 제도적 요소 등이 다 어우러져 이루어지는 것임을 알 수 있다. 박상철 교수는 일찌감치 노화에 대비하면 좋겠지만, 늦게라도 노력한다면 조금은 질적으로 나은 삶을 살 수 있다고 하였다.

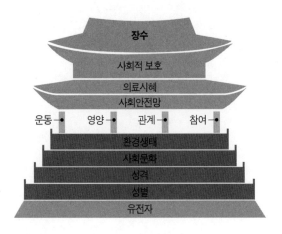

장수 집짓기 모델

　장수에 대한 비밀에는 이처럼 매우 다양한 요인들이 작용하고 있다. 지금까지의 장수의 비밀을 모아 건강하게 장수하는 방법을 보면 다음과 같이 요약할 수 있다.

　: 정신이 건강해야 한다.

　정신의 건강은 우선 스트레스를 다스리는 지혜를 필요로 한다. 외부의 스트레스로부터 자신을 지켜줄 가장 큰 대비책은 일상생활의 만족과 행복일 것이다. 물질적으로 아무리 풍요롭다 해도 생활이 즐겁지 않다면 언제든 정신적 고통이 파고들게 된다.

: 지혜로운 음식 섭취와 영양 유지가 필요하다.

과거에는 생활이 가난하여 영양 결핍의 문제가 있었지만, 오늘날에는 음식을 과잉 섭취하여 영양 과다 등의 문제가 발생하고 있다. 이로 인해 비만과 당뇨, 고혈압과 같은 성인병이 노인 질환의 주범이 되고 있다. 따라서 적당히 먹되 영양의 균형을 유지해야 한다.

: 운동은 필수다.

인류는 태어나면서부터 수렵, 이동, 농경 등의 육체적 활동을 하며 살아왔는데 현대에는 기술문명의 발달에 따라 그 활동량이 매우 부족해졌다. 사람의 몸은 동작을 통해 신체 기능이 유연해지고 건강도 유지할 수 있기 때문에 지속적인 운동이 필요하다. 운동은 건강뿐만 아니라 만족감, 동기, 자신감, 식이와 영양에도 직접적인 영향을 준다.

수명 연장은 과연 축복인가

총인구 중에서 65세 이상 인구가 차지하는 비율이 7% 이상인 사회를 고령화 사회Aging Society라고 하며, 14% 이상인 사회를 고령 사회Aged Society라고 한다. 나아가 65세 이상 인구가 총인구의 20% 이상을 차지할 때 그 사회는 후기고령 사회post-aged society 혹은 초고령 사회라고 한다. 우리나라의 경우 2000년 당시 65세 이상 인구 비율이 6.8%가 되어 고령화 사회가 되었고, 2010년 말에는 65세 이상의 인구가 총인구의 11.3%를 넘어서며 고령 사회가 되었다. 10년 만에 65세 이상의 인구가 4.2% 증가하였으며, 계속 이러한 추세를 보인다면 2026년에는 초고령 사회로 접어들 것으로 예측된다. 즉 현재 우리나라 전체 인구의 10명 중 1.1명이 65세 이상이며, 2026년에는 5명 중 1명, 2050년에는 3명 중 1명 이상이 될 것이라는 전망이다.

결국 고령화 속도가 세계적으로 가장 빠르다는 일본을 제치고 한국이 세계 제1의 고령국가가 될 것으로 보인다.

노인 인구 증가 추이 (천명)

구분	1960	1980	1990	2000	2010	2026
전체인구	25,012	38,124	42,869	46,789	48,988	50,578
노인인구	726	1,456	2,144	3,168	5,536	10,000
비율(%)	2.9	3.8	5.0	6.8	11.3	20.0

평균수명

1960	1980	1990	2000	2010	2020
55.3	65.8	71.3	74.3	80.2	84.0

노인 인구의 증가와 함께 한국인의 평균수명도 점차 증가하고 있다. 1960년까지만 해도 한국의 남녀 평균수명은 55.3세였으나, 1980년 들어 65.8세, 1990년에는 70세를 넘어섰고, 2010년에는 드디어 80세를 넘어서고 있다.

경제협력개발기구OECD 가입 국가들의 평균수명과 비교할 때, 남자의 경우 한국은 0.3세 높은 77.5세이며, 여자의 경우 1.5세 높은 83.3세로 나타나고 있다.

1990년대까지만 해도 60세를 넘기면 장수 기념으로 환갑 잔치를 하는 전통이 있었지만, 2000년 이후에는 칠순 잔치로 대신하더니 언젠가부터는 팔순 잔치로 바뀌었다. 이러한 흐름을 볼 때 현대인의 평균수명은 점점 늘어나 90세, 아니 100세를 내다보고 있다. 더욱이 의학기술이 발달하여 인체 장기臟器를 인공적으로 배양하여 치료할 수 있는 시대가 되었기 때문에 과학계에서는 평균수명 150세도 가능한 것으로 예측하고 있다.

그러나 과연 수명 연장을 행복한 현상으로만 바라볼 수 있을까? 인간 수명 100세 시대를 기대하는 어떤 개인에게는 축복이겠지만, 사회 전체적으로는 재앙이 될 수 있다. 우선 출산율이 낮아지는 문제가 대두되고 있다. 우리나라의 경우만 해도 인구가 얼마 안 되는 지방에서는 유소년 층이나 젊은 층을 찾아보기 힘들다. 이러한 현실이 이미 농촌 지역의 3분의 2가 초고령 사회라는 사실을 증명한다. 거리를 걸어다니는 사람들의 절반 이상이 노인인 풍경을 그려볼 때 가히 절망적이지 않을 수 없다.

특히 우리나라 노동시장의 상황을 볼 때 걱정되지 않을 수 없다. 우리나라 근로자들의 근속연수는 OECD 국가들의 평균인 40년보다 15년이나 짧은 25년이다. 일찍 은퇴한다는 것은 경제적 능력이 일찍 단절되어 노후 대책을 제대로 하기 어렵다는 것을 의미한다. 더 심각한 것은 노인 인구 중 85%는 건강을 유지하고 있으나 나머지 15%는 당장 요양 보호가 필요하다는 사실이다. 그 중에서도 6%만이 시설에 입소 요양 중이며 8%는 정부 지원의 재가 서비스를 받고 있다. 나머지 1%는 아무런 혜택도 받지 못한 채 방치되고 있는 실정이다.

뿐만 아니라 노인 인구 중 10% 정도는 치매로 고통받고 있으며, 18%는 돌봐줄 가족이 없는 독거노인들이다. 독거노인들 중에서 37%는 기능제한 노인으로, 부분적인 수발 보호와 일상적인 관심과 보호의 배려를 받아야 할 분들이다. 이러한 현실로 인해 현재 노인 자살률은 전체 자살률의 25%에 달하고 있으며 그 비율은 해마다 늘고 있고 있다.

인간은 왜 노화되는가

모든 생명체는 왜 늙는 것일까? 왜 수명이라는 제한된 시간이 주어진 것일까? 이것은 인류가 가장 오랫동안 품어온 질문이자, 가장 풀고 싶은 과제일 것이다.

지금까지 노화의 원인을 설명하기 위한 학자들의 학설만 해도 300여 가지가 넘지만 아직 어떠한 학설도 정설로 인정되지 못하고 있다. 그 이유는 대부분의 학설들이 노화현상의 근본적인 이유를 찾지 못한 채 부분적으로만 규명하였기 때문이다. 이처럼 인류는 아직 노화의 정확한 메커니즘을 밝혀내지 못하고 있다. 따라서 사람마다 노화 속도와 수명이 다른 이유도 설명할 수 없으며, 노화를 억제하는 방법이라는 것 또한 추측일 뿐이다.

지금까지 노화와 수명 제한에 대한 이유를 밝힌 가설들을 보면 다음과 같다.

마모 이론 Wear&tear theory

1882년 독일인 의사인 아우구스트 바이스만August Weismann이 발표한 이론으로, 신체와 세포는 시간이 지남에 따라 마모하는 것과 같은 이치로 노화된다는 이론이다. 즉, 노화는 시간의 흐름에 따라 신체기능이 손상되기도 하고 섭취하는 음식물의 독소에 의해서 망가져 간다는 것이다. 결국 나이가 들면 손상된 신체기능을 복구할 능력을 잃어 질병에 걸리고 죽음에 이른다는 것이다. 마모이론에 의하면 오래 살기 위해서는 신체를 무리하게 사용하지 말고 규칙적인 생활과 해로운 환경에 노출되지 않도록 해야 한다.

신경 호르몬 이론 Neuro-Endocrine theory

러시아의 블라디미르 딜만Vladimir Dilman 박사가 발표한 이론으로, 노화란 나이가 들수록 신체의 호르몬 분비가 감소되어 신체 기능이 떨어지는 것이다. 이 이론에 의하면 호르몬 분비가 원활하도록 신체를 자극하거나 호르몬 보충요법을 실시함으로써 노화를 예방하거나 지연시킬 수 있다. 이에 따라 성장 호르몬, 성 호르몬에스트로겐, 테스토스테론, 멜라토닌, DHEA 등을 노화 치료에 이용하고 있다.

유전자 조절 이론 Genetic Control Theory

모든 인간의 DNA 속에는 태어나서 늙어가는 과정이 프로그램되어 있다는 이론이다. 즉 태어날 때 이미 언제 노화가 발생하고 얼마나 살 수 있는지 모두 유전적으로 결정되어 있다는 것이다. 이이론에 근거하면 DNA의 손상을 예방하는 것 또는 노화를 방지하거나 조장하는 유전자를 찾아내 이를 적절히 조작함으로써 인간수명의 연장을 실현할 수 있다.

활성산소 이론Free Radical Theory

미국의 생화학자 덴험 하먼Denham Harman 교수가 발표한 이론으로, 인체의 에너지를 만들어내는 미토콘드리아에서 노화의 원인을 찾고 있다. 설명하자면, 미토콘드리아가 에너지를 만드는 과정에서 발생하는 산소가 화학물질들과 결합하여 물과 탄산가스를 배출하는데, 이 산소 중 2~5%는 몸의 노화를 촉진하는 활성산소free radicals로 전환된다. 활성산소는 미토콘드리아를 손상시키고, 손상된 미토콘드리아에서 보다 많은 활성산소가 발생되어 세포의 산화적 손상을 가속화시키는 것이다. 따라서 미토콘드리아는 활성산소를 만들어 세포의 노화를 촉진하는 주범이라고 할 수 있다.

어떻게 노화되는가

진시황제는 최초로 중국을 통일하는 과업을 이루었다는 점에서 중국 역사상 독보적인 존재로 평가받는 인물이다. 그러나 그는 통일 제국에 대한 지나친 집착으로 인해 폭군이라는 상반된 평가를 받고 있기도 하다.

천하 통일의 대업을 이룩한 진시황도 자신의 죽음에 대해서는 두려움을 감추지 못했다. 어떻게든 죽음을 늦추고 싶었던 그는 서시徐市에게 어린 소년 소녀 3,000명과 많은 보물을 실은 배들을 거느리게 하여 동해에 있다는 신선이 사는 섬에 가서 불로장생의 약초와 약을 구해오도록 하였다. 그러나 몇 년이 지나도록 약을 구하지 못한 서시는 후환이 두려워 일본으로 달아나 버렸다.

알려진 바에 따르면 하루에 200명의 요리사가 진시황을 위해 매일 다른 요리를 바쳤다고 한다. 그런데 그토록 건강에 좋은 온갖 희귀 약재와 음식들을 섭취했던 진시황이 49세의 나이에 사망했다는 사실은 아이러니가 아닐 수 없다.

노화는 그 어떤 생명체도 피할 수 없는 자연의 순리로, 시간의 흐름에 따라 생체 구조와 기능이 쇠퇴하는 현상을 말한다. 노화에 나타나는 생물학적 특성을 보면 다음과 같다.

: 소화 기능 나이가 들면서 침의 분비, 위액, 소화효소가 감소하며 이는 칼슘과 철과 같은 무기질의 분해와 흡수를 어렵게 하여 골격계 질환을 가져오거나 빈혈이 증가한다.

: 혈액순환 기능 고혈압, 동맥경화증, 뇌졸중 등이 나타난다.

: 호흡 기능 폐에 들어와서 순환되지 않고 남아 있는 호흡의 양이 점점 증가하여 호흡기 질환의 주된 원인이 되기도 한다.

: 기초대사 기능 기초대사율은 감소하고 탄수화물 대사율은 증가한다. 이것은 인체 내부에 당분이 적절히 유통되지 못하고 혈액에 정체되어 당뇨병의 원인이 된다.

: 신장 기능 인체 내의 수분과 전해질의 균형, 산과 염기의 평형, 체내 노폐물의 배설 등을 담당하는 기능이 저하된다.

: 비장 기능 당을 조절하는 인슐린의 생산 저하를 가져옴으로써 노인성 당뇨병의 발생률을 증가시킨다.

: 간과 담낭 기능 간세포가 줄어들어 간의 질량이 낮아지고, 재생력이 감소하며, 담즙을 구성하고 있는 성분들의 고형화로 담석증에 걸릴 가능성이 높아진다.

: 수면 기능　불면은 노년기의 우울증이나 신경증, 죽음에 대한 공포
등의 심리적 문제로 인해 발생하기도 한다.

: 방광 기능　산성 성분과 요소 성분의 감소에 의해 야뇨현상이나 방
광염을 유발한다.

: 생식 기능　여성은 폐경, 남성의 경우는 생식능력을 상실한다.

: 피부　신진대사의 약화로 인해 세포분열이 느려져서 상처의 치유
속도가 늦어지며, 피부의 신경세포와 혈관이 감소하여 체온 조절력
이 감소한다.

: 근육과 골격　근육과 뼈의 기능은 약화되고 골다공증이 발생한다.

: 신장과 체중　신장과 체중이 줄어들게 된다.

: 치아　이가 빠지고 잇몸이 약화된다.

: 시각 기능　40세 이후부터 동공 근육의 탄력성이 약화되고 수정체
내부의 섬유질이 증가하여 근거리 시력이 약화되고 시각이 흐려지
는 노안이 발생한다.

: 청각 기능　50세 전후 난청현상이 나타나기 시작한다.

: 미각 기능　40세 이후부터 서서히 미각 세포가 감소하다가 60세 후
반부터 더 많이 감소되며 70세부터는 단맛과 짠맛을 점차 느끼지
못한다.

: 통각 기능　질환을 파악하는 능력, 질환의 고통을 감지하는 능력이
떨어진다.

: 촉각 기능　피부의 노화에 따라 촉각 기능이 저하된다.

: 후각 기능　후각과 폐의 기능이 약화될수록 후각 기능이 떨어진다.

　이러한 노화의 현상은 생체 내에서 지속적으로 진행하는 변화이고, 생명체 고유의 내재적 변화에 따라 초래되는 현상이다. 다시 말해 노화란 대부분 기능 저하를 동반하는 변화 현상이라는 것이다. 문제는 나이가 듦에 따라 병에 걸릴 확률이 높아지고, 병은 또다른 노화현상을 급속하게 진행시킨다는 것이다. 실제로 당뇨병이나 관절염은 유전이나 생활양식에 기인한 질병에 의한 노화이다.

　노화는 한번 진행되면 멈추거나 다시 돌이킬 수 없지만 인류는 조금이라도 노화를 지연시킬 만한 방법들을 지속적으로 개발해 왔다. 이에 따라 피부나 신체 건강을 유지하게 해주는 안티에이징 Anti Ageing 산업이 활성화되었다. 그리고 이러한 노력은 노화의 기준을 바꿔놓고 있다. 즉 예전에는 나이가 많으면 무조건 늙었다고 간주하였으나 요즘은 건강관리에 신경 쓰는 만큼 외모나 육체적 기능이 건강한 노년층도 많아졌기 때문에 단순히 나이로 노화의 정도를 평가할 수 없게 된 것이다.

　실제로 60세의 사람이 45세와 같은 신체 연령을 가질 수도 있고, 그 반대로 45세인 사람이 80세 노인의 신체 연령을 가질 수도 있는 것이다. 결국 노화의 기준은 생물학적인 변화 이외에도 심리학적인 변화 및 사회적 변화의 과정까지를 다 포함한다고 말할 수 있다.

심리적 노화란 육체보다 마음이 먼저 노화를 받아들이는 경우로, 생물학적인 노화현상을 재촉한다. 스스로 늙었다고 생각할 때 몸과 마음은 더욱 쇠잔하고 무기력해지기 때문이다. 반면 생물학적인 노화는 진행되고 있지만 심리적으로 젊음을 간직한 사람이라면 그는 나이보다 젊은 사람이라 할 수 있다.

사회적 노화란 생산적인 사회활동을 정리한 이후의 삶에서 발생하는 노화를 말한다. 평생 직장생활을 하던 사람이 은퇴를 하면 생활방식이 크게 변화되는데, 수면이나 식사의 방식이 달라질 뿐만 아니라 만나는 대상층도 변화된다. 따라서 사회학적 노화는 우울증, 소외와 고독감, 무력감, 정서의 불안 등을 가져올 수 있다.

노화를 부추기는 요소들

사람마다 노화의 속도나 정도는 차이가 있다. 나이에 비해 신체 기능이나 외모가 젊은 사람이 있는가 하면 그렇지 않은 사람이 있는 것이다. 이러한 차이는 일상생활의 여러 습관에 따른 것이기도 하다. 말하자면 일상생활에서 노화를 촉진하는 상황에 자주 접할수록 신체적 나이나 기능적 나이가 앞당겨지는 것이다. 노화를 촉진하는 요인들을 보면 다음과 같다.

담배

담배가 연소될 때 만들어지는 활성산소가 담배 연기를 들이마실 때 함께 폐로 들어간다. 활성산소는 우리 몸에 들어오면 항산화제를 파괴시키고 노화를 촉진할 뿐만 아니라 담배 속의 다른 나쁜 성분들이 침투하여 호흡기 질환이나 심혈관계 질환에 걸릴 위험이 높아진다. 성기능 장애, 뇌혈관의 혈액량 감소, 뇌의 노화, 피부 노화, 수면 장애, 면역기능의 저하로 인해 결국 수명을 단축시킨다.

알코올

적당한 음주는 노화를 지연시키고 수명을 연장시키지만, 과음을 하면 활성산소가 만들어지고 항산화 비타민과 미네랄의 흡수를 방해하기 때문에 노화가 촉진된다. 뿐만 아니라 알코올 성분이 체내의 수분을 빼앗아 피부를 건조하게 만들며, 남성의 성기능 장애, 여성호르몬 대사에 영향을 주고 뇌세포 파괴, 체내 칼슘 저하, 뼈의 노화, 영양 결핍이나 남성 호르몬 감소로 근육을 노화시킨다.

스트레스

스트레스라고 하면 주로 걱정이나 근심 또는 불만족이나 지나친 과로 등으로 생겨나는 것이라고 생각하지만, 실제로는 기분 좋은 흥분이나 행복한 감정도 포함하고 있다.

　여기서 문제가 되는 것은 과도한 스트레스의 경우다. 심한 스트레스를 받게 되면 면역계, 내분비계, 심혈관계에 나쁜 영향을 미쳐 질병을 일으키고 노화를 촉진시킨다. 만성적인 스트레스는 암, 심장병, 뇌졸중, 위염, 위궤양을 유발하는 위험인자인 동시에 심근경색으로 인한 돌연사의 원인이 되기도 한다. 또한 스트레스는 다양한 방식으로 노화를 촉진하는데 스트레스를 잘 관리하는 사람과 그렇지 못한 사람의 생물학적 연령은 무려 16년이나 차이가 난다고 한다.

복부 비만

복부 비만에는 내장 비만형과 피하 지방형 비만이 있다. 내장 비만형은 내장 속에 지방이 축적되는 경우이며, 피하 지방형은 피부 바로 밑에 지방이 축적되는 경우이다. 내장 비만과 피하 지방형 비만은 따로 나타나기도 하고 같이 나타나기도 한다. 복부 비만은 당뇨병, 순환계, 심장질환과 같은 성인병 유발 가능성이 클 뿐만 아니라 당뇨병, 고지혈증, 고혈압, 지방간, 통풍, 퇴행성 관절염, 체력 저하, 우울증 및 자신감 상실에 빠지기 쉽다. 이런 성인병들이 노화를 촉진하고 수명을 단축시킨다. 걷기, 수영, 자전거 타기, 계단 오르기 등 쉽게 할 수 있는 유산소 운동은 신진대사를 원활하게 하여 표준 체중을 유지하게 해주며, 면역 기능을 높여주는 역할을 한다.

과식

현대인의 질병은 주로 음식에서 발병한다 하여 '식원병食原病'이라는 말이 있다. 이것은 과식이나 불균형한 식생활로 인해 병이 발생하게 되는 것으로, 이러한 견해는 오늘날 보편적으로 통용되는 기정사실이다.

이와 관련하여 우리나라의 경우 특히 위장계통 질환자가 많은데, 약국에서 가장 많이 팔리는 약이 소화제이며, 병원을 찾는 환자의 60%가 위장병 환자라는 사실은 이제 놀랄 일도 아니다. 이처럼 다른 나라에 비해 우리나라에 유달리 위장병 환자가 많은 이유는 무엇일까? 아마도 과중한 업무 스트레스와 관계가 있을 것이다. 스트레스 때문에 굶거나 과식하는 등 음식 조절에 실패하는 경우가 많기 때문이다.

우리 속담에 "과식은 소식小食만 못하다."는 말이 있듯이 많이 먹는 것보다는 적게 먹는 것이 건강에 좋다는 사실은 예로부터 내려온 지혜이다. 뿐만 아니라 허약한 사람에게 기름진 음식을 먹이면 도리어 더 약해진다는 속설이 있는데, 여기에는 기름진 음식이 건강에 이롭지 않다는 지혜가 담겨 있다. 영국에도 식생활에 대한 경고를 담은 속담이 있는데 "먹지 못해 굶어 죽는 사람보다 너무 먹어서 죽는 사람이 더 많다."는 것이다.

노화를 막을 순 없지만
지연시킬 수는 있다

노화를 촉진하는 요인이 있다면 노화를 지연시키는 방법도 있다. 이 방법은 노화의 원인에서 해결방법을 찾는 것으로, 구체적으로 살펴보면 다음과 같다.

운동 요법

노화 방지를 위한 가장 좋은 방법은 운동이라 할 수 있다. 사람이 운동을 하게 되면 몸을 이롭게 하는 성장 호르몬과 남성 호르몬 분비가 증가하고, 면역 기능, 근력과 근지구력이 좋아지고 성인병의 위험을 줄여주며 뇌의 노화를 막아준다. 또한 체중 조절로 성인병의 근원인 비만을 줄일 수 있으며, 스트레스나 우울한 기분이 사라지고 자신감이 생긴다. 뿐만 아니라 성기능 향상, 골다공증 예방, 숙면을 취하게 해주고 활성산소를 제거하는 능력이 좋아져 노화를 방지한다.

운동 요법을 위해서는 과격한 운동보다는 유산소 운동과 근육 운동웨이트 트레이닝, 균형 훈련, 스트레칭 등을 적절히 배분하는 것이 좋다. 운동량은 지속적으로 하루 20분 이상, 일주일에 5회 이상 하는 것이 좋다.

식이 요법

히포크라테스가 말하기를 "음식으로 고치지 못하는 병은 약으로도 고칠 수 없다."고 했다. 이것은 우리가 흔히 "밥 잘 먹는 것이 최고의 보약이다."라고 말하는 것과 같은 개념으로, 건강을 위해 제대로 된 식사생활이 얼마나 중요한지를 전하고 있다.

　그런데 오늘날 많은 사람들은 올바르지 않은 식습관에 길들여져 있다. 패스트푸드에 길들여진 입맛, 스트레스로 인한 폭식, 업무에 쫓긴 불규칙한 식사는 신체의 장기 기능에 무리를 줄 뿐만 아니라 기능을 약화시켜 위장병이나 간장병을 불러일으킨다.

　65세 이상 고령자의 사망 원인을 분석한 통계청의 통계자료를 보면, 대장암과 당뇨병으로 인한 사망이 20년 전보다 약 7배 가까이 급증한 것으로 나타났다. 이러한 현상은 육식이나 당분을 많이 섭취하여 생긴 것으로, 육식을 즐기는 선진국에서 많이 발생하던 질병이었으나 이제는 한국에서도 위험한 수준이 되었다.

　건강하게 살기 위해서는 건강한 식습관이 중요하다. 특히 식습관은 나중에 갑자기 고치기 어렵기 때문에 어릴 때부터 올바른 식습관을 익혀두어야 한다. 올바른 식습관이란 고칼로리의 진수성찬보다는 영양분이 골고루 갖춰진 소박한 식단을 의미한다. 현대인들이 주로 걸리는 성인병은 대부분 칼로리 과잉으로부터 비롯되기 때문에 채소 중심의 소박한 반찬들에 관심을 기울일 필요가 있다.

호르몬 요법

사람의 몸은 나이가 들어갈수록 자연적으로 호르몬 생성과 분비과 감소되므로, 여러 가지 호르몬을 보충하면 노화가 지연되는 효과가 있다. 예를 들어 노년에 부족하게 마련인 성장 호르몬, 남성 호르몬, 여성 호르몬, DHEA, 멜라토닌 등을 주기적으로 공급함으로써 노화를 방지하는 것이다. 여성의 경우 폐경기가 되면 갱년기 증상으로 안면 홍조증, 식은땀, 불면, 심계항진, 우울증, 식욕 감퇴, 손과 발에 바늘로 찌르는 듯한 증상들이 찾아오는데, 이것은 에스트로겐이라는 여성 호르몬이 감소하여 발생되는 것이다. 에스트로겐을 공급하면 이러한 증상이 완화될 뿐만 아니라 뼈의 흡수를 막아주어 골다공증까지 예방할 수 있다.

항산화제 요법

항산화제는 몸의 질병을 유발시키고 노화를 촉진시키는 활성산소를 막아준다. 항산화제는 인체에 자연적으로 존재하기도 하지만 외부에서 보조를 받을 수 있다. 항산화제로는 비타민 C, 비타민 E, 베타카로틴, 라이코펜, coenzyme Q-10, 셀레늄, 크롬, 마그네슘, 오메가-3 지방산, 스마트브레인, 글루코사민 등이 있다. 외부에서 보조를 받을 수 있는 항산화제에는 당근에 많이 들어 있는 베타카 로틴, 적포도주에 많은 폴리페놀, 딸기와 레몬에 들어 있는 비타 민 C, 양파에 들어 있는 켈세틴, 각종 해산물 및 곡류에 들어 있는 셀레늄 등이 있다.

장기 교체의 시대

지금까지 의료계의 주된 관심이 환부를 제거하거나 병증을 완화시키는 쪽이었다면 앞으로는 새로운 장기를 이식하는 쪽이 될 것이다. 이제까지 유한한 육체를 고쳐가며 사용해 왔다면, 이제부터는 자동차의 부품처럼 병든 장기를 교체할 수 있는 시대가 되었다는 뜻이다. 장기를 바꾸는 방법은 인공장기와 장기이식 등이 있다.

인공장기

인공장기는 장기의 기능을 대체하기 위한 장치로서, 체내에 설치하여 성공적으로 그 기능을 유지하게 하는 데에 목적이 있다. 기술적인 면에서는 자연적인 장기와 똑같은 기능을 하게 만드는 것보다 생체 내에 장치하였을 때 장기간 오류 없이 작동할 수 있도록 만드는 것이 훨씬 어려운 기술이다. 그러나 인공장기의 종류와 만드는 방법은 갈수록 정교해지고 있으며, 머지않아 안전한 인공장기의 생산도 가능하리라 예상된다. 지금 대체 가능한 인공장기의 종류를 살펴보면 다음과 같다.

: 인공심장 최근 고분자로 만들어진 판막이 개발되었다. 기존의 기계식 판막과 조직 판막에 비해 저렴하고 원하는 모양을 자유자재로 만들 수 있으며 안정성도 높아지고 있다.

: 인공심폐 일시적으로 심장과 폐의 기능을 대행시켜 심장을 휴지 상태에 둘 수 있는 장치로, 심장 수술을 하기 위해 사용한다.

: 인공혈관 동맥과 정맥의 인조 대용품으로, 심장이 제대로 기능을 하지 못해 새 혈관으로 우회로를 만들 때나 혈관이 심하게 막힌 경우에 필수적이다.

: 인공신장 몸 밖에서 혈액을 투석하는 것으로, 신장의 기능을 대신한다.

: 인공관절 외상, 병, 수술 등으로 인하여 운동부전運動不全이 된 관절에 사용한다.

: 인공망막 안구 속에 나노 단위의 미세한 실리콘칩을 넣은 인공망막 시스템을 이용해 시력을 회복시키는 장치이다.

: 인공달팽이관 청각신경에 전기적 자극을 주어 손상되거나 상실된 기관의 기능을 대행함으로써 청각 장애인에게 들을 수 있는 기회를 제공하는 장치이다.

: 임플란트 인공 치아로서 잇몸에 나사를 박아서 치아를 고정한다.

: 인공망막 뇌로 영상 입력을 전달하는 신경세포를 전기적으로 자극함으로써 잃어버린 망막세포의 기능을 대신한다.

장기이식

인체의 어떤 장기가 질병이나 외상 또는 노화로 인해 손상되어 기능을 상실하였을 때, 다른 사람의 정상 장기를 이식하여 그 기능을 복구하는 방식이다. 그러나 장기이식에서는 이식할 장기를 구하기 쉽지 않을 뿐만 아니라 이식 후에 뒤따르는 거부반응의 문제, 사체 장기를 구하는 데 따르는 뇌사판정 및 경제적 · 사회 윤리적 문제 등 해결해야 할 난제들이 수반된다. 이상적인 인공장기가 개발된다면 굳이 장기이식은 필요 없어지게 될 것이다. 장기이식의 종류로는 다음과 같다.

: 자가이식 자기 자신의 조직이나 장기의 위치를 옮기는 경우를 말한다. 자가이식은 주로 뼈나 피부를 이식하는 것으로, 이전부터 시행되어 왔다. 그러나 자가이식은 재료의 양에 제한이 있고, 장기의 경우에는 거의 해당되지 않는다.

: 동종이식 타인의 장기를 이식하는 경우를 말한다. 그러나 생물학적인 거부반응을 감안해야 하며 인도적, 사회적 문제도 따르게 된다. 일란성 쌍생아에 있어서는 개체가 달라도 몸의 구성 단백질이

완전히 동일하기 때문에 거부반응은 일어나지 않는다.

: 이종이식 종류를 달리하는 동물로부터 옮기는 경우를 말한다. 오래 전 양의 혈액을 수혈했던 시대도 있었고, 최근에는 각막角膜·뼈·혈관 등의 이식이 연구되었으나 두드러진 진전은 기대되지 않고 있다.

줄기세포가 노화를 막아줄 것인가

최근 인체의 난자를 이용한 줄기세포를 배양하는 연구가 세계적인 관심을 끌고 있다. 특히 황우석 박사의 획기적인 실험 발표가 최근 이슈가 된 바 있지만, 이미 유전 공학은 미래의 첨단과학 산업으로 부각된 가운데 줄기세포 연구에 관심이 집중되고 있었다.

그렇다면 줄기세포는 무엇일까? 줄기세포에 대해서 알려면 우선 세포의 종류에 대해서 알아봐야 한다. 개체로서 한 사람이 태어나기 위해서는 우선 정자와 난자의 수정이 이루어지고, 이러한 수정란은 계속적인 세포 분열을 거치면서 각 세포의 구조와 기능이 분화된다. 그리고 생명체가 완성되어 가는 과정 속에서 세포들은 각각 피부세포, 간세포, 뇌세포, 심장세포 등의 고유한 생김새와 기능이 결정된다. 이러한 과정을 거친 세포들은 대부분 두 번다시 다른 형질로 바뀌지 않지만, 어떤 세포들은 변화의 가능성을지니기도 한다. 이처럼 다른 기관의 세포로 변형될 수 있거나 재생 가능한 세포를 줄기세포라고 한다.

예를 들어 피부에 난 상처가 다시 아무는 것은 새로운 세포 분열에 의한 것이다. 즉 상처난 부위에 피부 줄기세포가 남아 있어 피부를 재생시킨 것이다. 간의 일부를 남에게 이식해준 기증자의 경우 간이 재생되는 것 또한 간 줄기세포 때문이다. 이와 같이 모든 조직으로 분화되지 않고 정해진 장기나 조직으로만 분화되는 줄기세포를 성체줄기세포라고 한다. 이러한 줄기세포의 분화능력을 이용하여 손상된 조직을 재생하는 연구는 1940년대 중반부터 진행되어 왔다.

반면 모든 세포로 분화될 수 있는 만능 줄기세포가 있는데, 이를 배아줄기세포라고 한다. 이 줄기세포는 미분화 상태에서 적절한 조건을 맞춰주면 다양한 조직세포로 분화할 수 있어 미분화 세포라고도 한다. 일명 만능세포로도 불리는 미분화 세포는 현재까지 인류가 당면한 대부분의 질병 치료와 더불어 장기의 훼손을 근원적으로 해결할 수 있는 유일한 해결책으로 떠올랐다. 과학자들이 제시하고 있는 줄기세포의 용도는 이루 헤아릴 수 없을 정도여서, 210가지의 장기 재생은 물론 지금까지 불치병으로 판정되어 온 파킨슨병, 각종 암질환, 당뇨병과 척수 손상 등의 치료까지 가능하다. 이른바 줄기세포의 활용으로 지금까지 해결할 수 없었던 모든 질병 치료는 물론 노화된 장기를 재생할 수 있게 된 것이다.

줄기세포는 인공장기나 장기이식과 달리 자신의 세포를 이용하므로 거부반응도 없으며 효과도 탁월하다. 따라서 인간의 건강하고 행복한 삶에 대한 열망이 끊이지 않는 한 줄기세포에 관한 연구는 앞으로 더욱 발전하게 될 것이다. 현재 미국, 유럽, 일본 등 선진 각국 연구진은 줄기세포를 이용한 연구에 전력을 쏟고 있으며, 줄기세포를 이용하여 양이나 개를 복제하는 성과를 거두고 있다. 이러한 기술을 토대로 향후 세포배양된 인간의 장기도 상품화를 앞두고 있다.

이 줄기세포 연구는 지금까지 풀지 못했던 노화의 원인 발굴과 노화 방지에 큰 견인차가 되어 수명 연장의 현실을 앞당길 것이다. 그러나 궁극적인 줄기세포 치료법을 개발하기 위해서는 종교적, 생명윤리적 문제를 최소화하면서 환자에 대한 거부반응 없이 이식되는 맞춤형 줄기세포를 확립하는 것이 숙제로 남아 있다.

제2장

노인을 고립시키는 문제들

우리 사회가 서구 문명의 영향과 산업사회의 영향을 받음으로써 이기주의, 개인주의, 핵가족주의 등 여러 가지 문제점들이 발생하고 있다. 그 중 최근에 가장 심각한 문제로 떠오르는 것이 노인 문제이다. 노인들이 겪는 어려움을 '노인의 4고苦'라고도 하는데, 여기서 말하는 4고란 빈고貧苦, 고독고孤獨苦, 무위고無爲苦, 병고病苦를 말한다. 건강 · 질병, 경제적 어려움, 역할 상실, 외로움의 고통에 더하여 요즘에는 지류고遲流苦라는 고통이 추가되었다. 이것은 컴퓨터와 멀티미디어, 소프트웨어 등 과학기술과 IT발달에 대한 적응 장애를 일컫는다. 인터넷, 휴대폰, MP3, 디지털 카메라 등 멀티미디어의 간단한 사용법을 익히면 좀 더 풍요로운 여가생활을 보낼 수 있을 것이다.

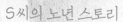

재취업이 안겨준 진정한 행복

S씨는 28년간 공무원으로 근무하고 60세에 퇴직을 하였다. 공무원 연금이 매달 280만 원가량 지급되기 때문에 여생을 즐기면서 살 계획이었다. 그러나 퇴직한 후 1년간 여행을 자주 다니다 보니 흥미가 점점 사라져 스포츠에 취미를 붙이게 되었는데, 1년간 골프와 배드민턴을 배우면서 시간을 보내고 나니 왠지 허전한 느낌이었다.

S씨는 곰곰이 생각하다가 그 원인을 알아내었다. 공무원으로 일할 때는 자신이 사회에서 필요한 존재였는데 이제 쓸모없는 사람이 된 것 같은 공허감에 자신감까지 잃어가고 있는 것이었다.

또 예전에는 부부가 함께할 수 있는 시간이 부족해서 늘 미안한 마음이었는데, 퇴직 후 함께 시간을 보내려고 노력해도 서로 공통된 주제가 없어 겉도는 느낌이었다. 더욱이 매개자였던 자녀마저

출가한 뒤로는 어색하기까지 하였다. 또 다른 문제는 일하던 사람이 집에서 놀기만 하니까 여기저기 몸이 결리고 쑤시는 게 건강이 의심스러웠다.

그는 이러한 식으로 살아가는 것은 경제적으로 여유가 있다 해도 행복할 수 없음을 깨달았다. 그는 신문에서 "최근 평균수명이 길어지고 일자리가 삶의 보람을 느끼는 기회라는 인식이 퍼지면서 취업을 원하는 노년층이 늘고 있다."는 기사를 보고, 새롭게 취업해 보고 싶은 마음이 들었다. 하지만 젊은이들조차 취업이 쉽지 않은데 노년 실직자들이 새 직장을 구하기란 쉽지 않았다.

S씨는 치밀한 취업 전략을 세웠다. 우선 '나는 꼭 취업하겠다'는 강한 의지를 가지고 집 근처에 있는 노인복지관과 고령자 취업알선센터를 찾아가 경력과 희망직종, 급여 등을 상담한 뒤 적절한 일자리를 소개받을 수 있었다. 특히 서울시에서 운영하는 고령자 취업알선센터에서는 노인들이 취업하기 쉽도록 이력서 작성과 면접시 유의사항, 노인 취업 관련 법률, 취업 성공사례 등의 정보를 제공해 주었다.

고령자취업알선센터에서는 S씨가 자동차 관리를 잘하고 운전을 즐기며 계산능력이 남다른 점을 파악하여 주차 관리요원을 추천하였다. S씨는 센터에서 주차 관리요원이 해야 할 일들을 교육받았는데, 주로 자동차 응급처치 방법과 안전관리, 관리원의 역할,

주차요금 정산방법과 징수시 유의사항 등에 대한 직무교육과 현장실습이었다. 직무교육과 현장실습을 끝낸 뒤 그는 사설 주차장 관리원으로 취업하게 되었다.

2년 동안 아무 일도 하지 않아 처음 한 달 동안은 피곤하기도 했지만 그 후로는 적응되었다. 1년 정도 지난 지금은 쉴 때보다 정신적으로나 육체적으로 건강해진 것을 느낄 수 있었다. 배우자와의 관계도 예전처럼 자연스러워져 대화가 많아졌다.

S씨는 비록 주차보조원이라는 단순 직업이지만 이 활동을 통해 자신의 삶이 소중하다는 사실을 깨달았을 뿐만 아니라, 일이 주는 행복에 대해서도 절감했다. 무엇보다 자신이 사회에 필요한 존재라는 느낌을 받을 수 있어 만족스럽다.

늘어가는 노인 스트레스

평균수명이 연장되는 현상의 이면에는 반갑지 않은 문제들이 수반된다. 그 중의 하나가 증가하는 노인 스트레스이다. 생리적 육체적 기능이 약화되는 노인기에는 심리적 정신적 기능도 감퇴되어 사회적 관계가 축소되기 마련이다. 이러한 변화를 자연스럽게 받아들이지 못하는 스트레스로 인하여 10명 가운데 8명 이상의 노인들은 자살 충동을 느낀다고 한다. 더욱이 경제적 수준이 낮고 스트레스 경험과 우울증이 잦을수록 자살을 더 많이 생각한다고 한다.

이러한 결과는 수명에도 영향을 끼치는 것으로 나타났다. 즉 외향적이고 개방적인 성향을 지닌 사람은 스트레스 제공자의 위협을 약하게 평가하기 때문에 장수할 가능성이 높다는 것이다.

노인 스트레스의 원인을 보면 첫째, '고독한 처지'를 꼽을 수 있다. 노인들은 결혼이나 공부를 위해 자녀들이 떠나버린 뒤 홀로 남겨지곤 한다. 이제나 저제나 하고 자식들을 기다리며 살다 보니 외로움과 우울에 빠지는 것이다.

둘째는 '경제적 빈곤'의 문제이다. 노인이 되면 건강을 유지하기 위해 지출되는 돈이 적지 않다. 그러나 그동안 일해서 번 돈은 집 장만하거나 자식들 교육시키는 비용으로 써버렸기 때문에 정작 나이가 들었을 때는 경제적으로 궁핍해지곤 한다. 노인의 입장에서 이러한 경제적인 스트레스는 심리를 크게 위축시키는 문제이다.

셋째는 '질병'에 대한 두려움이다. 노인은 신체적 기능이 노화되어 치아, 관절, 소화기능이 떨어진다. 또한 혈액순환이 좋지 않아 기력도 떨어지고 혈압에 문제가 생길 수도 있으며, 치매에 걸릴 위험도 높다. 이렇듯 건강상의 문제는 극심한 스트레스를 유발한다.

넷째는 '역할 상실'로 인한 스트레스이다. 노화와 함께 사회적 능력도 저하되기 때문에 자신의 지위나 역할의 상실에 따른 존재감의 상실은 작지 않은 스트레스를 안긴다. 이에 따라 자신이 무가치하다고 느껴 삶의 의미를 상실할 우려가 있다.

노인의 몸은 스트레스에 극복할 수 있는 저항력이 크지 않기 때문에 곧바로 신체적인 증상이 나타난다. 맥박이 빨리 뛰거나 불규칙하게 뛰며, 이로 인해 고혈압 또는 혈액순환의 장애가 발생할 수 있다. 더불어 위경련, 가슴앓이, 딸꾹질, 설사, 위산 과다분비, 변비, 신경성 기침, 기관지 천식, 두드러기, 가려움증, 신경성 피부병이 나타나며, 숨이 가빠지고 땀이 지나치게 많이 난다. 그러나 스트레스가 오래 지속되면 소변을 자주 보게 되거나, 발기부전, 불감증, 조루증, 당뇨병, 비만증, 갑상선 질환, 원형탈모증, 우울증, 공포증, 기억력 장애, 불면증 등으로 발전하기도 한다. 가장 큰 문제는 스트레스가 면역 기능을 약화시켜 병균 감염에 쉽게 노출되는 것이다. 따라서 노인기에는 스트레스에 대처하는 요령이 반드시 필요하다.

스트레스에 대처하기 위해서는 다음과 같은 기본적인 실천이 필요하다.

첫째, 비타민C를 복용해야 한다. 비타민C는 누구에게나 도움이 되지만 특히 노인들에게는 노화로 부족해져 가는 항산화 물질을 생성하는 데 도움이 된다.

둘째, 규칙적인 운동을 해야 한다. 과격한 운동보다는 가벼운 걷기, 스트레칭과 같은 유산소 운동을 조금씩 자주 하면 효과를 얻을 수 있다. 주의할 것은 노인에게 알맞은 운동량을 지키는 것이다. 지나치게 오래 하거나 강도를 높이다 보면 도리어 역효과를 불러올 수 있다.

천덕꾸러기가 되어가는
남성 독거노인들

전국 노인생활 실태를 조사한 연구 결과를 보면 우리나라 노인층의 20% 정도는 일상생활 속에서 배우자를 제외한 다른 사람들과 소통하지 않는 생활, 즉 사회적 고립 상태에 있는 것으로 나타났다. 또한 떨어져 사는 자식들과는 밀접하게 접촉하지만 친구나 지역사회 사람들과는 거의 만나지 않는 '현대적 가족 중심형' 노인들이 43.5%나 되었다. 한편 자식과 함께 살되 친구나 이웃과는 접촉하지 않는 '전통적 가족 중심형' 노인들도 21.1%의 비율을 차지했다. 이외에 자식과 함께 살거나 따로 살면서도 서로 긴밀한 관계를 유지하고 친구와 이웃 등 지역사회 구성원들과도 자주 만나는 '다층형' 노인들은 11.2%였고, 친구나 이웃 등만 접촉하는 '지역사회 중심형' 노인들은 4.2%를 기록했다.

연구 결과를 다른 관점에서 분석해 보면, 경제 수준과 교육 수준이 높을수록 고립형의 비율은 감소하는 것으로 나타났다. 즉 학벌이 높고 소득과 재산이 많으면 가족이나 친구 또는 이웃 등과 자주 만날 확률이 높고, 학벌이 낮고 가난할수록 고립되어 외롭게 살 확률이 높은 것이다. 성별로 보면 고립형의 비율은 남성 노인이 더 높았고, 다층형의 비율은 여성 노인이 더 많았다.

최근 세계보건기구who가 발표한 우리나라 여성 평균수명은 83세로, 평균수명이 78세인 남성에 비해 5년이 더 길다. 그런데 이와 같이 고령화 추세라면 현재 노인 인구의 남녀 구성비약 5 : 9의 격차가 더욱 심해질 것이고, 노년까지 동고동락하는 부부들은 점점 적어질 것이다.

남성의 경우, 배우자와 헤어지거나 사별한 60대 이후의 삶은 어떠할까? 같은 처지의 여성에 비할 때 매우 불편한 상황이 기다리고 있다. 여성들은 혼자가 되어도 자식들의 살림을 돌봐주거나 손자손녀들을 봐줄 수 있으니 자식들에게 대접받으며 화목하게 지낼 수 있다. 뿐만 아니라 동년배 친구들과 사귀면서 여생을 외롭지 않게 보낼 수 있다. 그러나 노년 남성의 경우는 자녀들을 위해 직접적으로 도울 일이 별로 없으며, 며느리와 함께 지내는 경우에는 불편한 점이 한둘이 아니다. 더욱이 사회생활을 접게 되면 교우관계도 점점 줄어들어 외로운 처지가 된다. 그나마 남겨줄 재산이라도 많으면 자식들로부터 조금은 대우받겠지만, 그렇지 않은 경우 처량한 신세로 전락하고 만다.

실제로 노인들이 주로 가는 탑골공원이나 노인복지관을 살펴보면 노인 여성보다는 노인 남성들이 훨씬 많다. 이들은 장기나 바둑을 두며 하릴없이 앉아 있다가 식사시간이 되면 식판을 들고 무료 급식 대열에 서있는 광경을 볼 수 있다. 대개 집에서는 할 일도 없고 직접 음식을 만들 줄도 모르니 이러한 현상이 빚어지는 것이다.

나이가 들수록 남자들은 가정에 안주하여 여성에게 의지하려는 성향이 강한 반면, 여성들은 독립적인 욕구가 발생하여 가정 밖에서의 활동을 원하게 된다. 그러다 보니 아내는 남편에 대해 답답함을 느낄 수밖에 없다. 늙어서도 남편을 위해 가정살림을 해야하니 자연 불만이 없을 수 없다.

또한 독거노인들을 대상으로 영양학적인 조사를 한 결과가 있는데, 남성 노인들의 영양 상태가 여성 노인에 비하여 월등히 낮은 것으로 나타났다. 특히 요리를 할 줄 모르는 독거 남성 노인들은 대개 집에서 밥을 해먹기보다는 무료 급식을 이용하거나 라면 또는 빵으로 해결하는 경우도 많았다. 이러한 문제에 대비하기 위해서라도 미리 요리를 배워둘 필요가 있다. 평생 부인이 차려주는 밥만 얻어먹다가 부인이 먼저 사망하게 되면 가장 곤란해지는 것이 바로 식사 문제이기 때문이다.

결론적으로, 남성들은 나이가 들었을 때 혼자 생활할 수 있는 연습을 미리 해야 한다. 지금부터라도 부인에게 의지해 왔던 일들을 조금씩 스스로 처리하는 습관을 들인다면 집안일을 분담하게 됨으로써 아내와의 관계에도 좋은 영향을 끼칠 것이다. 뿐만 아니라 요리는 두뇌와 손을 부지런히 움직이는 일이므로 다른 어떤 일에 비해 노인들의 치매 예방에 도움이 된다. 그래서 일부 노인복지관에서는 노인들의 치매 예방과 식사 문제를 해결하기 위해서 노인 요리교실을 운영하기도 한다.

사회의 진정한 약자,
여성 독거노인들

고령화 사회의 두드러지는 특성 중 하나는 혼자 사는 노인 여성의
수가 증가한다는 것이다. 물론 평균수명이 늘어난 만큼 노인으로
혼자 살아가는 시간 또한 길어졌다.

보편적으로 여성이 3~4년 연상의 남자와 혼인한다고 봤을 때 여
성은 평균수명이 남성보다 5년 이상 길기 때문에 노년기의 10년 이
상 남편 없이 혼자 산다는 통계가 나온다. 실제로 65세 이상의 남성
중 86.3%는 배우자가 있는 반면 여성은 34.5%만이 배우자와 함께
산다는 통계를 볼 때 여성 독거노인이 훨씬 많은 것을 알 수 있다.
이러한 문제는 여성은 남성에 비하여 노년이 되면서 여러 가지 불
이익과 고통에 더욱 많이 노출되어 있다는 사실을 의미한다.

예를 들면 상대적으로 여성은 교육의 혜택을 많이 받지 못했기
때문에 남자에 비해 취업 여건이 불리하며, 연금 혜택조차 받을
수 없는 경우도 많다. 더욱이 사회생활의 반경이 좁기 때문에 남

남성 노인과 여성 노인의 비율

	65세 이상 인구	전체인구 중 구성비	여 성	비 율	남 성	비 율	성비 (여성= 100.0)
1980	1,456,033	3.8	911,465	62.6	544,568	37.4	59.7
1990	2,195,084	5.1	1,373,227	62.6	821,857	37.4	59.8
2000	3,394,896	7.2	3.8	61.7	1,299,786	38.3	62.0
2005	4,366,642	9.1	38,124	60.3	1,733,661	39.7	65.8
2006	4,585,702	9.5	1,456	60.0	1,835,100	40.0	66.7
2007	4,810,363	9.9	3.8	59.7	1,938,638	40.3	67.5

자료 : 통계청, 「2007 통계로 보는 여성의 삶」, 2007 사회복지통계과

성에 비해 사회적 관계와 도움도 적을 수밖에 없다.

또한 아직까지 우리 사회는 유교적 관념이 남아 있어 남성과 여성에 대하여 불평등한 가치관이 적용되고 있다. 예를 들어 홀로 된 남성 노인에 대해서는 재혼을 적극 독려하는 분위기가 있지만 여성 노인에 대해서는 그렇지 못한 편이다.

여성 노인들은 비교적 남성들보다 평균수명이 길기 때문에 그만큼 질병의 고통에 더 많이 시달릴 수밖에 없다. 실제로 여성 노인들은 남성 노인들에 비해 15% 이상 더 질병을 앓고 있는데, 구체적으로는 노인성 만성질환인 관절염, 신경통, 골다공증, 중풍 등의 질환이며 치매 유병률도 남성보다 훨씬 높게 나타났다.

요즘 여성 노인들은 자신의 노후대책을 마련하지 못한 세대로서, 젊은 시절 가족을 위해 헌신하며 살았기 때문에 노년의 여가를 즐기기 어려운 편이다. 이전에는 여성에게 가정 내에서의 역할이 강조되는 분위기였기 때문에 남성 노인에 비해 사회 관계망이 제한적일 때 나타나는 고독, 우울증에 빠지기 쉽다. 이에 따라 여성 노인이 남성 노인에 비해 생활의 만족도도 낮고 우울의 정도도 더 심한 것으로 나타났다.

　이처럼 여성 노인들은 남성에 비해 오래 살기는 하지만 더 큰 경제적, 정서적, 사회적, 신체적 문제를 지니고 있다. 단적으로 말하자면 남성보다 더 가난하고 외롭고 병든 노년을 살게 된다는 것이다. 따라서 여성 노인들만이 겪는 상황이나 어려움을 '노인 문제'라는 보편적 틀로써 이해하기에는 부족한 측면이 있다.

　이제부터라도 노년을 앞둔 현재의 여성들을 위한 좀 더 섬세한 대책이 마련되어야 할 것이다. 여기에는 정부의 정책도 시급하지만 개인적인 노력이 우선되어야 할 것이다. 우선 노년기에 맞이할 질병, 그리고 그 치료비용이 과다 지출되지 않도록 건강한 생활양식을 지키는 습관이 가장 중요하다.

문제는 노인의 심리적 질병이다

우리나라 국민의 행복지수는 얼마나 될까? 행복지수를 체크하는 방식은 여러 가지가 있겠지만 자살률이 그 척도가 될 수 있다. 우리나라 국민의 자살률은 경제적 상황과 밀접한 관련이 있어서, 1998년 외환위기 당시 급증했다가 다소 감소했으나 카드대란과 겹치는 2002년 전후부터 다시 증가세로 돌아섰다. 이후 지금까지 계속 증가하고 있어 OECD 국가 중에서 가장 자살률이 높은 국가라는 오명을 지니고 있다. 하루 평균 약 40명이 자살로 삶을 마감하는 '자살공화국'이라 해도 과언이 아니다. 국가의 발전과 개인의 행복지수가 비례하지 않는다는 씁쓸한 결과가 아닐 수 없다.

한국인의 높은 자살률 안에는 노인층의 자살 비중이 적지 않다. 정신과 전문의들이 밝히고 있는 노인 자살의 원인으로는 여러 신체적인 질환뿐만 아니라 함께 심리적인 불안, 외로움 등으로 인한 노인성 우울증과 관계가 큰 것으로 추정하고 있다.

노인 우울증

통계적으로 노인 우울증은 65세 이상 노인 인구의 5~10% 정도가 앓고 있을 정도로 흔한 질환이다. 노인 우울증의 증상으로는 기분이 침체되거나 절망감, 우울감, 무력감 등의 정신적인 저하 증상도 있지만 신체적으로 수면 장애, 두통, 복통, 식욕 감퇴 등이 동반되는 경우가 많다. 또한 자녀의 결혼이나 이사, 사망, 주변 친인척이나 친구들의 사망 등의 관계 변화로 인해 그 증상이 심해질 수 있다.

노인 우울증의 증상은 노인이라면 누구나 조금씩 가지고 있지만, 노인 부부만 살거나 노인 혼자 사는 경우 우울증이 방치될 가능성이 높다. 그러나 정상인들도 나이가 들수록 말수가 적어지기 때문에 주변에서 신중하게 지켜보지 않으면 노인 우울증을 발견하기 어렵다. 특히 다른 신체적 질환이 있는 경우 주변 사람들은 물론 스스로도 알아차리기 어려울 수 있다.

노인 우울증을 확인하려면 우선 평소와 달리 기억력에 장애가 있는지, 심한 분노감이나 절망감 등 감정의 기복을 보이는지, 이유 없이 활동력이 떨어지고 불면증이나 식욕부진 또는 복통이나 두통 등을 호소하는지 등을 살펴봐야 한다. 특히 가족 가운데 우울증, 고혈압, 뇌졸중 등을 앓았던 경력이 있거나 폐경 뒤 갱년기 증상이 심한 여성, 노년기에 배우자가 사망했다면 노인 우울증 발생 가능성이 크므로 각별한 주의가 필요하다.

노인 우울증은 무엇보다 예방이 중요하다. 이 예방의 핵심은 자신감 넘치는 인생철학을 확립하는 것이다. 대개 나이가 들면 여생이 얼마 남지 않았다는 생각 때문에 쓸쓸함을 느끼게 되고 생활의 의욕을 잃게 마련인데, 이것이 우울증의 늪에 빠지게 하는 첫 단계라 할 수 있다. 이때는 주변인들의 도움을 받을 필요가 있다. 우울한 심리가 발생되지 않도록 가족, 친척, 친구와의 돈독한 관계를 위해 노력하거나 새로운 취미 활동에 참여하여 관심이 외부로 향하도록 하는 것이 중요하다.

배우자나 자녀가 먼저 세상을 떠났을 때에도 우울증에 걸릴 위험이 높다. 대부분 이런 경우 노인의 우울증은 며칠간 심각하긴 하지만 시간이 지나면서 그 증상은 서서히 감소하게 마련이다. 그러나 2주 이상 우울증에 시달린다면 전문의의 진료를 받아야 한다.

신체적 질환으로 거동이 불편한 노인은 통증이 진전되지 않도록 관리를 더욱 열심히 해야 한다. 통증을 수반한 지병은 노인에게 더욱 심한 우울증을 유발하기 때문이다. 특히 통증을 잊기 위하여 술을 마시는 습관은 삼가는 것이 좋다. 알코올이 분해되는 과정에서 발생하는 물질들이 우울한 마음을 자극할 수 있기 때문이다.

노인 우울증 치료도 일반적인 우울증 치료와 같이 70~80%는 효과를 거두지만, 치료를 중단하면 1년 뒤에는 세 명 가운데 한 명이, 5년 뒤에는 네 명 가운데 세 명이 재발할 정도로 재발률이 높다. 특히 젊은 사람들의 우울증보다 자살 기도의 가능성과 성공 가능성이 더 크다는 점이 특징이다.

노인 증후군

노인 증후군이란 자신이 나이가 먹었다는 의식에 빠져 입맛을 잃거나 어지럼증을 느끼기도 하고, 신체적인 노화증상에 대한 두려움으로 매사에 의욕이 없고 우울증에 빠지는 현상을 말한다.

노인 증후군은 기존의 질병 진단 기준으로는 설명할 수 없는 증상들을 가리키는 의학 용어다. 따라서 이러한 증상에 대해서는 아무리 검사를 해도 뚜렷한 원인을 찾을 수 없는 경우가 대부분이다. 원래는 연로한 어르신들에게 흔히 나타나는 현상이었지만 요즘에는 나이와 상관없이 신체적 기능이 저하되었거나 그러한 차이를 인식하는 사람들에게 두루 나타난다. 특히 건강에 이상이 생겨 신체적으로 기능이 저하될 때 여러 요인들이 복합적으로 작용하여 나타난다.

문제는 노인 증후군에 빠지면 삶의 의욕을 잃고 무기력하게 살아가게 된다는 것이다. 더욱이 신체적으로 실신 또는 현기증, 식욕 감퇴, 체중 감소, 노쇠, 요실금, 근력 감퇴 등이 나타나기도 한다. 가장 큰 문제는 이러한 노인 증후군에 깊게 빠질수록 스스로 움직일 수 없다고 판단하여 몸져눕거나, 가족이나 타인의 도움을 받아야만 하거나, 심한 경우 사망할 위험도 따른다는 사실이다.

노인 명절 증후군

노인 증후군과 함께 증가하고 있는 것이 노인 명절 증후군이다. 노인 명절 증후군이란 명절 때 자식들이 찾아왔다가 떠난 뒤에 생겨나는 외로움의 증상을 일컫는다. 이런 증상은 자녀와 함께 사는 노인 부부들보다는 노인 부부끼리만 살거나 독신으로 사는 경우일수록 심하다.

명절 때면 오랜만에 아들 내외와 손자까지 찾아와 시끌벅적하게 지내지만, 이삼일 뒤면 썰물 빠지듯 자식들이 떠나버려 공허감에 빠지는 것이다. 이러한 공허감은 하루 이틀 지나면 사라지지만 2주 이상 계속될 경우, 더불어 소화도 잘 안 되고 두통까지 느낀다면 우울증이 의심된다.

노인 명절 증후군을 예방하기 위해서는 자식과 친인척들의 노력이 필요하다. 명절을 지내고 난 뒤에도 부모님에게 자주 전화를 드려 늘 자식들이 함께하고 있음을 알려주는 것이 좋은 방법이다. 물론 스스로 공허감에 사로잡히지 않고 외부로 시선을 돌리려는 본인의 노력이 가장 중요하다.

심각해지는 노인 재혼 문제

노인들이 가장 많은 상담을 요청하는 문제는 성기능에 대한 고민이다. 그 다음으로 부부간의 성 갈등, 이성 교제 문제가 차지한다. 사랑에 대한 욕망은 나이가 들면 사라지는 게 아니라 젊었을 때만큼 강렬한 것이다. 노인복지관에서 진행하는 프로그램 중 스포츠댄스가 인기를 얻는 이유도 바로 이성에 대한 관심 때문이다. 실제로 행복한 노후를 누리는 데에 자녀의 부양보다 배우자의 유무가 더욱 중요한 요소라고 한다.

노인 전문가들은 홀로 된 노인들의 행복을 도울 가장 필요한 사람은 자식이나 동성 친구가 아닌, 이성 친구라고 한다. 이성 친구만이 채워줄 수 있는 행복의 영역이 엄연히 존재한다는 것이다. 중앙일보가 한국갤럽에 의뢰해 전국 30세 이상 성인 1,000명을 조사한 결과, 절반 가까운 응답자(44.2%)가 "노인 재혼에 찬성한다"고 했다. 나이가 어릴수록, 교육 수준과 소득 수준이 높을수록 찬성하는 사람이 많았다.

실제로 2009년 65세 이상 노인의 재혼 건수는 남성 2,065건, 여성 641건으로 10년 전에 비해 각각 1.8배, 2.7배씩 늘어났다. 반면 이혼은 남녀 각각 4,370건과 1,739건으로, 10년 전에 비해 3.3배, 4.6배 늘었다. 건수로 따지건 증가 속도로 따지건 노인 재혼보다 황혼 이혼이 더 많이, 더 빨리 늘고 있는 셈이다. 사실 노인 재혼과 이혼의 결정은 대개 여성의 선택에 의해 좌우되는데, 이는 여성들이 과거에 비해 가정 내에서 발언권이 높아졌음을 의미한다. 즉 여성이 노년의 결혼과 이혼을 주도하고 있다는 것이다.

그러나 또 다른 통계를 보면 황혼 이혼자와 사별자 중 63%가 재혼을 바라고 있지만 자녀들이 반대하여 뜻을 이루지 못하고 있는 것으로 조사됐다. 재혼을 결심하게 된 계기를 보면 '외로워서' (54%), '자녀들에게서 독립하기 위해(부담을 덜어주기 위해)' (28%), '새로운 미래에 대한 희망' (11%), '사랑해서' (7%) 로 나타나고 있다. 이처럼 재혼을 통해 노인층이 자신들의 노후 삶을 향유하려는 의지가 높은 것을 엿볼 수 있다. 한편 재혼 결심을 할 수 없었던 이유로는 '자녀들의 반대' (62%), '미래에 대한 불안감' (21%), '자녀 혹은 상대방에게 부담주기 싫어서' (12%), '경제적 이유' (5%)로 응답했다. 사회적으로 노인 재혼을 바라보는 시선이 긍정적으로 변화되고 있고, 실제로 재혼율도 늘고는 있지만 정작 자신의 부모가 재혼을 한다고 할 때 자녀들의 거부감이 적지 않음을 알 수 있다.

부모의 재혼을 반대하는 쪽은 여성보다 남성이 많으며, 반대하는 가장 큰 이유로는 부모의 상대 배우자를 가족으로 받아들이기 힘들기 때문이라고 한다. 그밖에 자신이 결혼할 때 문제가 될 것이라 여기거나 노후를 혼자 즐겼으면 좋겠다는 의견을 드러내기도 했다. 한편 여성의 경우는 돌아가신 부모님께 죄송한 마음 때문에, 대하기 불편한 느낌 때문에, 새로운 가족들과 복잡한 문제가 생길 것 같아서 반대한다는 의견을 보였다.

중국의 경우, 80세 이상의 노인 중 재혼을 하였으나 실제 혼인신고를 한 부부는 10%가 채 되지 않는다고 한다. 중국에서는 이런 동거 방식이 특이한 현상이 아니며 이미 사회에 자리 잡게 되었다고 한다. 노인들이 실제 결혼이 아닌 동거를 선택한 가장 큰 원인으로는 우리와 같이 '자녀의 반대'를 꼽았다. 반면 스웨덴에서는 언제든지 자유롭게 헤어지고 새로운 상대를 만나기 위해 노인 커플 중 30%는 혼인신고를 하지 않는다고 한다. 이러한 현상은 우리 사회에서도 점차 늘어나고 있다.

선진국에서 노인 재혼은 이미 하나의 노인복지 영역으로 자리 잡았다. 부부간 성생활은 물론 노년을 함께 보낼 '벗'으로서 서로에게 아주 중요한 역할을 하기 때문이다. 홀로 사는 노인을 감소시키기 위하여 노인의 재혼을 위한 상담사업 및 프로그램 제공에 정부나 관련 기관이 적극 나서야 한다.

베이비부머,
자식에게 버림받는 첫 세대

지금까지 우리 민족은 조상으로부터 이어받은 도덕정신으로 노인의 부양 문제를 뒷받침해 왔다. 오늘날 급변하는 사회 속에서 전통적인 윤리와 도덕의식이 희박해지기는 했지만 '효孝'의 가치관만큼은 서양에서도 부러워하는 정신이다.

'효孝란 늙은 어른老을 받드는 자식子'이라고 하는 문자 구성에서도 알 수 있듯이, 부모와 자녀간의 도덕적인 관계를 규정하는 가치이자 규범이다. 효의 사전적 의미는 '부모를 잘 섬김善事父母'이며, 우리가 흔히 사용하는 '효도'란 '부모를 잘 섬기는 자식의 도리道理'라고 할 수 있다. '효심孝心' 또는 '효성孝誠'이라고 말할 경우에는 주로 '효도하는 마음'을 가리키며, '효행孝行'이란 부모를 잘 섬기는 자식의 행위를 말한다.

뿌리 없는 나무가 없고 근원이 없는 샘이 없듯이, 부모 없는 자식이란 있을 수 없다. 나를 낳아 사랑과 정성으로 길러주신 부모님의 은혜에 보답하는 것은 자식의 도리이며 가장 사람다운 일이다. 결국 효란 소중한 자기의 생명이 존재하게 된 근원을 생각하고, 그 근원을 성심성의로 공경하고 사랑하는 것을 뜻한다.

우리 민족은 오랫동안 전통적인 가부장적 대가족 제도를 지켜왔고 '효'는 가장 핵심적인 덕목으로 작용해 왔다. 그러나 사회가 핵가족화되면서 부모를 섬기고자 하는 가치관은 점점 희박해지고 있다. 예전에는 대가족 제도였기에 자식들과 한집에 사는 것으로 부모 봉양의 문제가 자연스럽게 해결되었으나 이제는 중요한 문제로 부각되었다.

사실 핵가족 위주의 가정문화는 개인주의적 경향이 강해 점점 부모와 함께 살기를 부담스러워하는 사람들이 늘어나고 있다. 결국 이러한 분위기로 인해 노부모들은 자식으로부터의 고독과 소외 그리고 경제적 어려움에 시달리고 있다.

효도는 윗세대로부터 보고 배우는 것인데, 핵가족 사회에 익숙하다 보니 요즘 아이들은 부모가 어떻게 효도를 하는지 배울 수도 없을뿐더러 효도라는 개념 자체를 낯설어하기까지 한다. 결국 자기중심적으로 키워진 세대들은 성인이 되어도 부모를 봉양하는 삶의 가치와 의미를 알 수 없게 되는 것이다.

이런 추세로 나간다면 베이비붐 세대가 효도할 줄 아는 마지막 세대이자 자식들에게 버림받는 첫 세대가 될 것이다. 한국의 베이비부머들은 전쟁 이후 1955~1963년에 태어난 세대로서 개인적 생활보다는 사회생활에 몰두하느라 노후 대책을 제대로 준비하지 못한 처지이다.

특히 한 자녀만 둔 가정이 많기 때문에 자녀가 결혼했을 때 역시 한 가정밖에 구성할 수 없어 친가나 처가의 부모들을 부양하기가 더욱 어려워질 것이다. 그런 반면 자녀들의 맞벌이가 증가됨에 따라 손자녀를 부모에게 맡기는 가정이 더욱 많아지고 있어, 효도를 받기는커녕 여유 있게 살아야 할 노후에 손자녀를 부양해야 하는 부담을 안게 되었다.

베이비부머들이 자식들에게 효도를 받지 못한다면, 아직 미래를 설계하지 못한 이후 세대들은 더욱 큰 혼란과 어려움을 겪을 것으로 예상된다. 노년에 대한 대책을 마련해 놓지 않으면 경제적 어려움이 뒤따를 것이며, 더불어 자녀들로부터 홀대받을 가능성이 농후하다.

결국 부모는 자녀들과의 관계를 다시 한 번 정립하고 아울러 자신의 노후 생활을 위한 준비를 시작해야 한다. 즉 자녀에 대한 부모로서의 책임을 일정 기간으로 정해두고, 나머지는 노후를 위해 철저한 준비를 해야 할 것이다.

은퇴증후군, 어떻게 해결할 것인가

직장을 퇴직하고 나면 남자들은 퇴직후유증에 시달리지만 여자들은 은퇴증후군에 시달린다고 한다. 은퇴증후군RHS ; Retired Husband Syndrome은 1991년 일본의 노부오 쿠로카와 박사가 처음 명명한 것으로, 남편이 은퇴할 시기가 다가올수록 아내의 스트레스 강도가 높아져 몸이 아프고 신경이 예민해지는 현상을 말한다.

여성의 은퇴증후군이 극심해지는 시기는 남편이 은퇴한 직후로, 남편이 안방을 차지하고 앉아 잔소리를 늘어놓을 때 우울증이나 발진, 두통을 비롯한 다양한 증세를 보이는 것으로 나타났다. 쿠로카와 박사에 따르면 일본의 노년기 주부의 60% 이상은 은퇴증후군에 시달린다고 보고하고 있다.

은퇴증후군 때문에 가장 많이 고통을 겪고 있는 세대는 2차 세계대전 종전 이후 태어난 세대로, 이들의 경우 남편은 사회와 가족을 위해 헌신적으로 일을 해야 했고 아내 역시 가정을 위해 희생하며 살아온 세대라고 할 수 있다. 이 세대의 아내가 은퇴증후군을 심하게 느끼는 것은 남편의 달라진 처지를 수용하기 힘들기 때문이다. 한마디로 퇴직한 남편이 집에서 빈둥거리는 모습을 보면 참을 수 없이 화가 난다는 것이다.

특히 남성 호르몬이 가장 많이 배출되는 50~60대에 접어들면 아내들의 스트레스는 극한 수준에 도달한다고 한다. 늘 바깥일을 보던 남편과 하루 종일 집안에서 같이 지내야 하는 생활방식에 새로 적응해야 하는 데다, 늘 옆에서 뒤치다꺼리를 해야 하기 때문에 스트레스가 쌓이는 것이다.

이에 따라 일본 중년 여성들은 스트레스를 해소할 새로운 대상을 찾는다고 한다. 황혼 이혼을 선택하는 대신 테디베어와 같은 봉제인형을 수집하거나 유명 연예인에 집착하면서 스트레스를 푼다는 것이다. 우리나라의 배우들이 일본에서 한류스타로 대접받는 것도 일본 중년 여성들의 은퇴증후군과 관련이 있다.

일본의 이와 같은 은퇴증후군은 우리나라에서도 이미 시작되고 있다. 퇴직한 남편을 둔 주부들이 스트레스로 인한 정신적 · 육체적 이상을 호소하는 경우가 많아지고 있는 것이다. 이런 상황을 빗댄 표현이 바로 '젖은낙엽 증후군'이다. 한번 붙으면 잘 떨어지지 않는 젖은 낙엽에 은퇴한 남편을 비유한 것으로, 아내의 주위를 맴돌며 집에서만 지내는 남편의 상황을 희화화하고 있다.

은퇴 후에 나타나는 남편들의 행동

: 잠옷차림으로 종일 거실에서 빈둥거린다.

: 차림새가 초라해진다.

: 거실에 누워 TV만 시청한다.

: 매사 아내의 일에 참견한다.

: 아내에게 반찬 투정을 한다.

: 아내가 외출하려면 꼬치꼬치 묻는다.

: 아내의 전화에 귀를 쫑긋 세우고 듣는다.

: 부쩍 인색해진다.

: 시장에 가는 아내를 따라나선다.

: 아내 옆에 붙어 앉는다.

: 아내가 밖에 있으면 수시로 전화 확인한다.

: 우울증이 나타난다.

: 사소한 일에도 쉽게 화를 낸다.

은퇴 후에 나타나는 여성들의 행동

: 남편이 집안일을 해주기 바란다.

: 자유롭게 외출하려 한다.

: 다양한 주제로 대화하고 싶어 한다.

: 여자로서 대우받고 싶어 한다.

: 남편의 구속을 받기 싫어 한다.

: 가사노동으로부터 벗어나고 싶어 한다.

: 다양한 문화생활 및 취미생활을 즐기려 한다.

: 우울증이 나타난다.

: 사소한 일에도 쉽게 화를 낸다.

은퇴증후군을 줄이는 방법은 남편이 돈을 벌고 부인은 가사일을 해야 한다는 고정된 인식에서 탈피하여 역할을 재정립하고 유연한 성 역할 분담을 하는 것이다. 함께 지내는 시간이 많아졌기 때문에 함께 나눌 수 있는 취미활동을 찾고 그로 인해 공통의 대화 소재를 늘리는 것, 남편에게 가사일을 거들게 하는 것도 좋은 방법이다. 남편의 경우, 집안에서 지내는 시간을 줄이고 외부활동을 많이 함으로써 아내의 부담을 덜어줄 필요가 있다.

황혼 이혼,
더 이상 남의 일이 아니다

은퇴증후군은 단순한 문제가 아니다. 이러한 스트레스가 심해지면 정신건강을 해칠 뿐만 아니라 황혼 이혼으로 인한 가족 해체로 이어질 수도 있다.

황혼 이혼이란 소위 노년기의 이혼을 말한다. 20여 년 전 일본에서 시작된 경향이지만 이제는 우리 사회의 문제이기도 하다. 황혼 이혼이란 좁은 의미로 보면 60~70대 이후의 이혼을 뜻하지만, 넓은 의미로 본다면 자녀들이 독립할 수 있는 성인이 되었거나 출가하게 된 후의 이혼을 의미한다. 혹은 자식이 대학에 들어간 뒤에 이혼한다 해서 '대입 이혼'이라고 부르기도 한다.

요즘 노인들의 이혼 문제는 개인의 문제를 떠나 여러 가지 갈등을 일으키는 사회 문제로 확산되고 있다. '다 늙어서 웬 이혼이냐' 하는 주변의 곱지 않은 시선에도 불구하고 황혼 이혼의 추세는 꾸준히 증가하고 있다. 이것은 뿌리 깊은 유교적 가치관을 지녀온 노년 세대들이 이제 개인의 행복 추구권을 주장하기 시작했음을 의미한다. 더 이상 이혼에 대한 사회적 편견에 얽매이지 않고 노년기의 인생을 설계하고자 하는 의지의 표현인 것이다.

통계청의 자료에 따르면, 황혼 이혼은 늘어나는 반면 결혼 초기의 이혼은 감소하고 있다. 특히 60대 이상의 이혼상담 건수는 계속 늘어나는 추세로, 10년 전보다 2배 이상 증가하고 있다.

황혼 이혼을 실행한 여성들의 특징을 보면, 첫째 연령대가 50~60대 이상이고, 둘째 자녀가 대부분 결혼하여 독립한 후이며, 셋째 부부간의 갈등이 오랫동안 진행되어 왔거나 여성이 가정으로부터 독립하고자 하는 의지가 강했다는 점이다.

이와 같이 아내가 더 이상의 가정생활을 견디지 못하고 이혼을 요구하는 경우가 많다. 전문가들의 진단에 따르면 자녀들의 출가와 남편의 은퇴로 인해 남은 인생을 즐기고자 하는 여성의 욕구가 확고해진 영향이 크다고 보고 있다. 즉 여성은 계속 가사노동을 담당해야 한다는 전통적인 가부장적 사고방식에 반기를 들어 이제는 자신의 권익을 찾겠다는 주장이 이혼의 갈등을 만들고 있다는 것이다.

요즘의 50~70대 남자들은 그들의 아버지와 할아버지에게서 남자의 역할을 배웠다. 그들은 철저한 가부장제 속에서 성장한 사람들로서, 그러한 가치관에 따라 자신이 배운 역할에 충실했을 뿐이다. 그러나 같은 세대의 여성들은 그들의 어머니와 할머니가 살았던 방식대로 살기를 거부하고 있다.

　이제 오래 살아온 부부간의 이심전심 관계는 흔들리고 있다. 30년 동안 결혼생활을 해온 부부라 해도 갈등이 쌓이면 서로를 이해하려는 노력이 불가능해진다. 이러한 관계가 지속될수록 결혼생활은 무미건조해지고 대화는 단절되어 간다. 이러한 지경에 도달하기 전에 부부는 서로의 끈을 유지할 수 있도록 노력해야 한다. 우선 대화의 주제를 일상생활이나 가족으로부터 탈피하여 상대의 관심사나 고민에 귀를 기울여보는 노력이 필요하다.

황혼 이혼 대처법

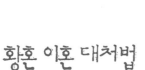

이혼의 사유는 다양하지만 대개 남편의 외도로 인한 가정 소홀이 가장 크다. 그 다음으로는 남성의 경제력 부족, 권위주의 등 남편 쪽에 문제가 치우쳐 있다.

그런데 남성이 실직을 한 경우의 이혼 사유를 보면 남성의 외도보다는 경제력 상실과 실직이 가장 많은 비중을 나타냈다. 부부관계에 경제력과 권위의 상실이 어떤 결과를 초래하는지 일깨워 주는 대목이다.

그렇다면 은퇴 후 부부가 행복한 여생을 지내려면 어찌해야 할까? 여러 가지 방법이 있겠지만 그 중에서도 가장 중요한 몇 가지를 제시한다면 다음과 같다.

첫째는 상대방을 배려하는 것이다. 부부 사이에는 서로 편하게 생활할 수 있도록 맞추고 양보하는 자세가 필요하다. 서로 무엇을 원하고 무엇을 싫어하는지를 파악하여 최대한 이해하고 배려할 수 있어야 하는 것이다. 예를 들어 아내가 취미생활이든 사교

모임이든 외부활동을 즐긴다면 일일이 간섭하지 않고 활동을 독려하는 것이 올바른 남편의 역할이다. 또한 아내가 오랫동안 원해온 일 또는 갖고 싶었던 물건이 있다면 조건없이 해결해 주는 것이 좋다. 여성들은 대체로 경제적 약자이기 때문에 개인적 욕심을 죽이고 가족을 위해 인내하며 생활하는 편이지만 남편이 퇴직을 하게 되면 그간 참아왔던 부분들이 거침없이 말과 행동으로 분출되게 마련된다.

둘째는 상대방의 입장을 인정해 주는 것이다. 퇴직 이후의 부부는 감정이 민감해지기 때문에 서로의 자존심을 다치지 않게 주의할 필요가 있다. 그러기 위해서는 부부란 어느 한쪽의 필요에 의해서 종속되는 관계가 아니라 공존의 관계임을 명심해야 하며, 서로에게 필요한 존재가 되기 위한 공동의 관심사를 가져야 한다. 예를 들어 등산을 함께 다니면 자연스럽게 다음에 오를 산에 대한 정보를 나누거나 등산장비 등에 관한 대화거리가 생기게 마련이다. 이렇듯 취미생활은 상대방에 대한 이해와 서로를 인정하려는 마음을 갖게 한다.

셋째는 상대방을 격려해 주는 것이다. 특히 퇴직한 남편에 대해 격려해 주는 아내의 노력이 요구되는데, 퇴직의 상실감을 잊고 긍정적인 자아정체성을 되찾도록 응원해 줄 수 있는 자세가 필요하다. 예컨대 퇴직한 남편에게 오랫동안 일하느라 고생이 많았다는 진심어린 격려, 남편 덕분에 가정을 지킬 수 있었다는 마음을 표현을 해주는 것이다. 남편으로서는 자신이 지금껏 가족을 위해서 중요한 역할을 해왔다는 자존감을 느낄 수 있게 되고, 새롭게 노년을 설계할 수 있는 힘을 얻게 된다.

넷째는 자신의 요구를 표현하는 것이다. 남편과 아내는 서로를 가장 잘 안다고 믿고 있지만 사실 잘 모르는 부분도 많다. 이 점을 명심하여 서로에게 원하는 것을 분명하게 표현할 필요가 있다. 그저 '상대방이 알아주겠지' 하고 알아줄 때까지 기다리기만 한다면 관계가 악화될 수 있다. 원하는 바를 표현하는 습관을 익히면 의사소통이 원활해져 서로 오해하거나 실망하는 부분을 줄일 수 있다.

노인 우울증을 극복하는 방법

노인이 되면 우울증에 빠지기 쉽다. 우울증은 감정, 생각, 신체 상태, 그리고 행동 등에 변화를 일으키는 심각한 질환으로, 의욕 저하와 함께 좌절감, 신체적 피곤을 동반한다. 심한 경우에는 인지능력의 이상 증상 또는 육체의 병을 유발할 수도 있다.

통계상 한국인의 우울증 유병률은 15%이며, 여자의 경우 남성보다 훨씬 높은 25%로 조사되었다. 우울증은 일시적인 감정변화가 아니라 한 개인의 삶 전반에 영향을 끼칠 수 있는 질환으로서, 개인의 의지로 치료되기 어렵다. 그러나 우울증을 앓는 상당수가 전문가의 도움을 받지 못한 채 고통받고 있는 실정이다.

노인의 우울증도 심각한 문제로, 노인 자살의 가장 큰 원인으로 꼽히고 있다. 대개 '이 나이에 더 오래 살아서 뭐 하나' 하는 무기력한 생각에 빠져들게 되면서 우울증으로 발전된다. 더욱이 핵가족화로 인한 가족 간의 분화와 해체, 경제적 고통 등으로 인해 증상이 더 깊어진다.

우울증에서 벗어나려면 부정적, 비관적인 생각에 빠지지 않도록 신경써야 하고, 평소에 자신의 감정을 누군가에게 털어놓는 습관을 지닐 필요가 있다. 따라서 혼자 해결하려 하기보다는 부모, 친척, 친구, 이웃, 성직자 등 자신이 편하게 느끼는 누군가에게 도움을 받아야 한다. 특히 전문가의 적절한 치료를 받는다면 호전 가능성이 높아 이전의 정상적인 생활로 돌아갈 수도 있다.

우울증을 예방하려면 우선 자신에 대해 부정적으로 생각하지 않는 마음가짐, 그리고 스트레스가 쌓이지 않게 관리해야 한다. 부정적인 태도는 모든 일에 흥미를 잃게 하고 스스로 무가치한 사람으로 여기게 만들 뿐이다. 또한 스트레스를 제때 풀어주지 않으면 활기를 잃고 저조한 기분에 빠져들게 된다. 우울증을 예방하기 위한 마음가짐과 지침을 정리해 보면 다음과 같다.

: 지금까지 자신과 가정, 사회발전을 위해 최선을 다했다. 따라서 이제 나는 휴식을 취할 권리가 있다.

: 나는 어떤 일이든 할 수 있으며, 사회에서 필요로 하는 사람이다.

: 나는 멋진 사람으로 변화하고 있으며, 그러한 변화가 매우 마음에 든다.

: 나에게 가장 중요한 사람은 배우자이며, 자녀들은 그 다음이다.

: 풍족한 삶을 위해서는 돈도 중요하지만 나의 건강이 우선이다.

: 지금의 삶은 내가 예전에 꿈꿔왔던 노후생활이다.

: 건강과 사람들과 교류하는 것은 내게 의미 있는 일이다.

: 활기찬 여생을 위하여 늘 도전하며 살아갈 것이다.

: 웬만하면 화를 내지 않고 이해하려는 마음으로 생활할 것이다.

: 주변사람으로 인하여 스트레스를 받지 않겠다.

: 목표를 세운 일은 꼭 실천할 것이다.

: 나이 들어 늙어가는 것은 당연하기 때문에 두렵지 않다.

: 예전에 가졌던 경제적 소득, 사회적 지위와 업적, 부모 역할을 버리
  고 새로운 삶을 살아갈 수 있다.

: 은퇴를 하면 사회 초년생의 입장에서 많은 것을 배울 것이다.

: 젊었을 때 하지 못했던 취미생활을 이제부터 즐길 것이다.

: 살아가면서 다른 사람들에게 존경받는 삶을 살겠다.

: 나의 품을 떠난 자식들은 이제 사회의 자식이다.

제3장

꼭 알아두어야 할
노화현상 진단

유대계 미국 시인인 사무엘 울만은 일찍이 그의 유명한 시 「청춘Youth」에서
이렇게 노래했다.
"청춘이란 인생의 어떤 기간이 아니라 마음의 상태를 말한다."
정신과 의사들은 말한다.
"마음이 청춘이면 몸도 청춘이 된다."
'인생 백 년 사계절 설說'을 이야기하는 사람들도 있다.
25세까지는 '봄', 50세까지는 '여름', 75세까지는 '가을',
100세까지는 '겨울'이라는 것이다.
이에 따른다면 75세까지는 단풍이 가장 아름다운 만추晚秋의 계절이다. 물론 생사는
우리 마음대로 할 수 있는 것이 아니다. 하지만 노화는 나이보다 마음의 문제이며,
늙어도 뇌세포는 증식한다는 사실을 잊어선 안 된다.

L씨의 노년 스토리

노인복지관에서 제2의 삶을 찾다

L씨는 75세의 나이에도 왕성한 자원봉사를 하는 남성 노인이다. 중소기업을 다니던 그는 50세에 퇴직을 했고, 바로 식당을 개업하였다. 그때부터 그는 주기적으로 독거노인들을 초대하여 무료 생일상을 차려주거나 영정사진을 찍어주는 등의 봉사활동을 꾸준히 펼쳐왔다.

L씨는 65세 이후에는 식당을 접고 보람 있는 삶을 꾸릴 계획이었다. 그는 우선 노인복지관에 가서 자신이 배울 만한 것이 무엇인지 알아보았고, 노인복지관에 개설되어 있는 프로그램 중에서 노인건강지도사라는 프로그램을 배우기로 결심하였다. 3개월 과정의 교육 과정을 통해 노인의 질병에 대한 상식, 수지침, 응급치료, 마사지, 치매 예방법 등을 배웠다.

L씨가 노인 건강지도사 과정을 선택한 동기는 바로 자기 자신 때

문이었다. 나이가 들어 아무도 돌봐주는 사람이 없을 때 스스로 관리하기 위해서였다. 그러다가 자원봉사를 해보라는 권유를 받았고, 노년에 남을 위해 봉사할 수 있다는 생각에 가슴이 설레었다고 한다.

L씨는 자신이 배운 것을 실천하기 위해 동네 노인정과 경로당을 방문하여 자신보다 나이가 많은 노인들과 말벗을 해주면서 건강에 관련된 지식을 알려주거나 마사지를 해주기도 하고 수지침을 놓아주기도 했다.

그는 자신보다 생활이 어려운 노인들에게 무언가를 해줄 수 있다는 생각에 자긍심을 갖게 되었다. 물론 보람 있는 생활 때문에 활력도 넘치고 더 젊어지는 느낌이었다. L씨의 이러한 자원봉사 소식이 동네에 퍼지게 되자, 시장이 수여하는 표창장까지 받게 되었다.

L씨는 현재 노인복지관에서 노인 건강지도사 양성과정을 개설해 강의하고 있다. 자신이 남을 가르칠 거라고 생각해본 적은 없었지만, 자기 연배들에게 강의도 하고 자원봉사도 함께 할 수 있어 더욱 즐거워졌다고 한다. 또한 강사활동에 따라 지급되는 수입도 생활의 즐거움 중 하나이다.

노인성 난청

노화란 신체적 기능이 약화되는 것이기 때문에 적절한 의료적 치료를 받으면 노화의 속도를 지연시킬 수 있다. 그렇다면 거의 대부분의 노인들이 겪게 되는 '난청'은 어떻게 대비해야 할까?

난청이란 이러한 소리의 전달 과정이 원활하지 않아 나타나는 현상으로, 노인성 난청은 달팽이관의 청각세포가 고막에서 전달되는 소리를 제대로 인식하지 못하는 증상이다.

노인성 난청의 원인은 달팽이관이 장기간 동안 소음을 들음으로 인해서 망가졌거나 노화로 인해 기능이 퇴화하기 때문이다.

이러한 증상은 흔히 45세 이상부터 나타나기 시작하여 75세부터는 50% 이상이 난청을 겪는다. 그러나 서서히 진행되기 때문에 환자 자신도 자각하지 못하는 경우가 많은데 ㅅ, ㅆ, ㅈ, ㅊ 등의 자음이 포함된 특정 발음이 잘 들리지 않는다면 노인성 난청을 의심해 봐야 한다.

난청의 성별 비교를 해보면, 남성이 여성보다 3배 정도 더 많은 것으로 나타나는데, 젊은 시절 군대 훈련이라든가 소음이 많은 직장생활에 더 많이 노출되기 때문이다. 물론 유전적 원인 때문에 좀 더 일찍 난청을 겪는 경우도 있다.

대개 40대~50대에는 주로 고음이 잘 안 들리기 때문에 거의 생활에 지장을 느끼지 않지만 시간이 지날수록 대화의 불편을 느끼는 상태가 된다. 노인성 난청은 대부분 양쪽 귀에서 비슷하게 진행되며, 처음에는 서서히 진행되다가 나이가 들면서 점차 가속화된다. 이러한 상태를 소위 '가는귀먹는다'라고 말한다. 발음이 잘 들리지 않아 자연히 목청을 높이게 되는데, 이로 인해서 사람들은 귀가 어두운 노인들과 대화하기를 꺼리게 된다.

문제는 이러한 상황에 당혹감과 상처를 받게 되면 사람들과 대

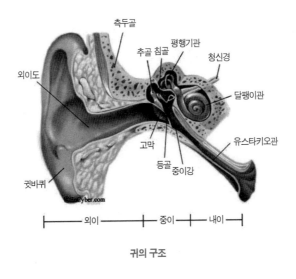

귀의 구조

화하기를 피하게 되어 스스로를 고립시킨다는 것이다. 더 큰 문제는 난청 증상이 심해지면 심리적으로 노화에 대한 스트레스와 불안, 건강에 대한 염려 등으로 우울한 생활을 하게 되는 것이다.

따라서 난청 증상을 느꼈을 때, 즉 증상 초기에 바로 이비인후과 치료를 받아야 한다. 큰 불편이 없다 하여 방치하게 되면 뇌의 언어중추_{말소리를 이해하는 신경}까지 퇴화될 수 있기 때문이다. 적절한 시기에 보청기를 사용하면 생활의 불편 없이 지낼 수 있지만, 오래 방치하게 되면 신경 계통이 손상되어 보청기를 착용해도 일반적인 소리와 말소리를 구분하지 못할 수 있다.

한번 시작된 노인성 난청은 막거나 완치하는 방법이 없기 때문에 무엇보다도 예방이 중요다. 그 방법으로는 어릴 때부터 강한 소음에 노출되지 않도록 습관을 들이는 것이다. 예를 들어 음악을 크게 듣지 않는다거나 시끄러운 장소에 오래 머물지 않는 습관이 필요하다. 또한 스트레스와 내과적인 만성병으로부터 난청이 발생할 수 있으므로 평소 건강관리도 중요하다.

노안 증상

노안이란 나이가 들어 가까운 거리에 있는 물체나 글자 등이 잘 보이지 않는 증상이다. 이외에도 시야가 흐린 느낌과 불쾌감 등을 수반하며, 조명이 어두우면 증상이 더욱 악화되기도 한다.

  사물을 바라볼 때 눈 안의 수정체가 자동적으로 두꺼워졌다 얇아졌다 하면서 먼 곳이나 가까운 곳의 물체를 정확하게 볼 수 있도록 망막에 초점을 맞추어준다. 나이가 젊을 때에는 모양체나 수정체의 탄력이 뛰어나 가까운 거리에 있는 물체를 볼 때 모양체가 수축하고 수정체가 두꺼워져 굴절력이 증가됨으로써 또렷이 볼 수 있다. 그러나 나이가 들면 수정체의 탄력성이 떨어지고 비대해져 먼 거리의 물체는 잘 보이지만 가까운 곳에 있는 물체는 흐리게 보이는 것이다. 흔히 신문이나 책을 읽을 때 자기도 모르게 멀리 떼어서 보게 되는 증상이 바로 노안의 대표적인 현상이다. 이처럼 노안은 수정체의 탄력성이 저하되어 나타나는 증상으로, 우리 몸 기관의 기능이 떨어지는 노화의 한 증상이다.

일반적으로 노안은 40대 중반 즈음에 나타나는데, 최근에는 컴퓨터와 스마트폰의 사용이 잦은 30대 후반~40대 초반 직장인들도 노안 증상을 호소하고 있다. 그러나 50대 후반 이후에는 더 이상 노안이 악화되지 않는다.

노안이 시작되기 전부터 시력에 문제가 있는 경우에는 어떤 증상이 나타날까? 먼 곳보다 가까운 곳이 잘 안 보이는 원시의 경우는 원래 초점이 정상보다 멀어서 노안 현상을 빨리 느끼게 된다.

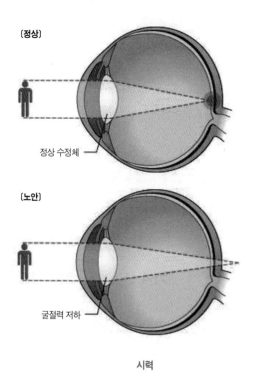

시력

반면 가까운 곳보다 먼 곳이 잘 안 보이는 근시의 경우는 노안 발생이 늦으며 노안이 오더라도 가까운 것이 잘 보이므로 돋보기안경이나 별도의 교정을 할 필요가 없다. 단지 가까이 볼 때 안경을 벗고 보는 것이 더 편해지는 증상이 나타난다.

노안은 시력 그 자체의 문제보다는 심리적인 스트레스를 발생시키는 문제가 있다. 즉 신문이나 책을 볼 때 습관적으로 고개를 젖히고 인상을 찡그리기 때문에 스스로 늙었다는 위축감이 들게 되는 것이다.

노안을 해결하는 가장 보편적인 방법은 볼록렌즈돋보기 착용이다. 그러나 가까운 것이 안 보인다고 무조건 돋보기안경을 쓰다 보면 오히려 노안이 더욱 심해질 수 있다. 따라서 안과를 방문하여 정확한 검사와 진단을 통해 자신의 눈에 맞는 알맞은 처방에 따르는 것이 가장 좋다.

요즘에는 먼 거리를 볼 때는 안경을 벗어야 하는 문제를 해결할 수 있는 이중 초점렌즈 또는 누진 다초점 렌즈가 있어 근거리와 원거리의 초점을 동시에 조절할 수 있다.

노인성 백내장과 녹내장

백내장, 녹내장, 망막 질환 등의 안과 질환은 시각장애의 원인이 되는 것으로 알려져 있으며, 시각장애인 4명 중 3명은 이러한 안 질환을 제대로 치료하지 않아 실명에 이르는 것으로 알려져 있다. 보건복지부 통계자료에 따르면 우리나라 60세 이상 노인들 중 90% 이상이 노인성 안구 질환을 앓고 있다고 한다. 그 중 백내장이 절반 가까운 비율(44.4%)을 차지하고 있고, 그 다음으로는 결막, 망막 질환이 20.8%, 녹내장이 1.1%이다.

노인성 백내장

백내장은 수정체가 혼탁해져서 흐릿한 유리창을 통해 보는 것처럼 보이는 질환을 말한다. 마치 카메라의 렌즈가 깨끗하지 못하면 사진이 잘 나오지 않는 것처럼 빛이 망막에 선명하게 상을 맺지 못하는 질환이다. 또한 햇빛에 예민하여 눈이 시리면서 눈물이 나는 눈부심 현상, 한쪽 눈으로 볼 때 물체가 이중으로 보이는 증상이 있다.

백내장은 선천적인 경우와 후천적인 경우가 있는데, 전자는 임신 초기 풍진風疹 등에 걸린 산모에게서 태어났을 때 또는 유전 등에 의해서 발생한다. 후자는 눈에 대한 직접적인 외상 또는 눈 수술을 받은 후 포도막염에 걸렸을 때와 노인성 백내장 등이 있다. 하지만 대부분 45세 이상에서 발생하는 백내장은 수정체의 노화 현상으로 인한 노인성 백내장으로, 연령과 관계가 많다.

백내장은 정상적인 시력에서는 아주 느리게 조금씩 시력 저하가 발생하기 때문에 뚜렷이 느낄 때까지 알아채지 못하고 방치하는 경우가 많다. 게다가 최근에는 40대의 비교적 젊은 연령에서 발생하는 경우가 많은데, 불현듯 시력이 떨어지는 증상을 통해 이 질환이 발견되기도 한다. 따라서 침침하고 물체가 뿌옇게 보이는 증세가 생겼다면 백내장인지 의심해 봐야 한다.

백내장 초기에는 일반적으로 점안약과 내복약으로 약물치료를 하고 자외선 차단 등으로 병의 진행을 최대한 늦추는 조치를 취해야 한다. 하지만 약물치료만으로는 혼탁해진 수정체가 다시 맑아지지 않고, 진행을 늦추는 효과도 일부에서만 나타나기 때문에 결국 수술적인 치료가 필요하다.

최근의 백내장 수술은 초음파 유화술이라고 해서 절개를 최소화하고 초음파 에너지를 이용해 백내장을 액화시킨 후에 흡입하고 인공 수정체를 삽입하는 방법을 사용한다. 절개되는 부분이 적기 때문에 수술 시간이 단축되고 통증도 적으며 시력 회복도 빠르다. 그러나 백내장이 너무 많이 진행된 경우에는 수정체가 딱딱해지기 때문에 수술 방법이 복잡해질 수 있고 시간도 오래 걸리며 회복도 늦어지게 된다. 따라서 정기 검진을 통해 적절한 시기에 수술을 하는 것이 바람직하다.

백내장 수술을 하면 개인의 눈에 맞춰 인공 수정체를 삽입해야 하는데 이때는 보통 원거리에 초점을 맞춘다. 따라서 원거리를 볼 때는 만족스럽지만 가까이 있는 것을 보려면 돋보기를 써야 하는 불편함이 있다. 이와 같은 문제를 해결하기 위해 원거리와 근거리에 모두 초점이 맞는 다초점 인공 수정체를 삽입하는 방법이 있다. 이것은 백내장과 노안을 동시에 치료하는 방법으로 안경을 쓰지 않고도 대부분의 환자들이 원거리나 근거리 모두를 불편 없이 볼 수 있다. 그러나 황반변성, 당뇨망막증, 고도 난시 등을 갖고 있는 환자들에게는 사용이 제한된다.

노인성 백내장은 연령 증가에 따른 자연스러운 노화 과정으로, 특별한 예방법은 없지만 눈에 외상을 입지 않도록 해야 하며 당뇨병 등의 대사성 질환을 잘 관리하는 것이 중요하다.

노인성 녹내장

인간의 눈에서는 안구에 영양을 공급하기 위하여 '방수房水'라는 물이 만들어지는데, 이 방수가 흐르기 위해서 안압이 형성된다. 그런데 기능을 수행한 방수가 빠져나가는 배출구가 막혀버릴 경우 안압이 높아지게 된다.

이처럼 눈의 기능을 유지하기 위한 안압은 정상인의 경우 15~21mmHg 정도로, 안압이 높아져 혈류의 이상이 생기면 눈 속의 가장 약한 조직인 시신경이 손상을 입는다. 이러한 질환이 바로 녹내장이다. 즉 녹내장은 시신경의 손상으로 인해 시야가 좁아져 결국 실명에 이르는 질환을 말한다.

녹내장은 대표적인 노인성 질환으로 당뇨망막증, 황반변성과 함께 3대 실명 질환이기도 하다. 주로 40세 이후에 발생하며, 60대 이후에 발생할 확률은 이전보다 6배나 된다. 초기에는 증상을 잘 느끼지 못하기 때문에 시야검사를 해야만 알 수 있지만, 말기에는 마치 터널 속에서 밖을 보는 것처럼 주변 시야가 좁아져 중심부만 보이게 된다. 이미 녹내장이 많이 진행된 경우에는 불빛 주위에 녹색 또는 주황색 달무리가 보이고, 초점 맞추기가 어려워지고, 가끔씩 머리가 무겁거나 아프며, 메스꺼움이나 어깨 결림 등의 증상이 나타나기도 한다. 다른 노인성 질환이 그렇듯이 녹내장도 한번 손상된 시신경은 다시 회복될 수 없기 때문에 조기 발견이 무엇보다 중요하다.

녹내장은 대부분 만성 진행으로, 장기간에 걸쳐 서서히 안압이 높아지므로 말기에 이를 때까지 증상을 느끼지 못하는 경우가 많다. 그러나 급성 녹내장의 경우는 갑자기 안압이 높아지고 심한 통증을 유발한다.

녹내장의 원인은 시신경의 손상 때문이지만, 외상이나 백내장 수술 이후에 나타나기도 하고 유전적인 경우도 있다. 또한 당뇨, 고혈압, 갑상선 질환 등 전신 질환이 있는 사람에게서도 많이 나타난다.

노인성 녹내장은 고혈압, 당뇨병처럼 평생 관리해야 한다. 약제는 부작용이 발생할 수 있으므로 자신에게 맞는 약을 찾는 것이 중요하다. 수술이 근본적인 치료지만 배출구가 다시 막힐 수 있고, 안압이 너무 떨어지거나 백내장이 올 수도 있다.

피부 질환

피부 노화

피부는 신체의 외부를 덮고 있는 막으로서 외부의 자극, 장해, 건조 등의 환경 요소로부터 신체를 보호해 주는 중요한 조직이다. 피부는 신체의 노화를 직접적으로 확인할 수 있는 부위로, 나이 들수록 건조해지며 주름살이 많아진다. 이러한 외모의 변화는 심리적인 위축감을 주기도 한다.

피부 노화는 수분이 빠져나가 건조해지는 과정으로, 갈색 기미와 모세혈관이 파열된 자국이 나타나기도 한다. 이로 인해 주름이 생기고 탄력을 잃어 턱살이나 눈두덩이 처지게 된다. 피부색도 회색 빛으로 변하면서 노인성 반점이 생기게 되고 손톱과 발톱이 두꺼워지거나 잘 부서진다.

노인들의 피부 노화 현상은 피하지방층의 분포에도 변화를 가져와 얼굴이나 어깻죽지의 지방층은 줄어드는 반면 엉덩이나 복부의 지방은 늘어나게 된다.

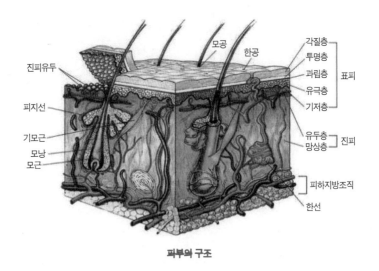

진피유두

모공　한공

각질층
투명층
과립층　표피
유극층
기저층

피지선

기모근
모낭
모근

유두층　진피
망상층

피하지방조직

한선

피부의 구조

피부 노화는 장기간에 걸쳐 일어나는 미세한 변화이기 때문에 원인을 정확하게 단정짓기는 어렵지만 통상적으로 신체 노화의 과정, 개인의 유전적 성질, 태양 노출과 같은 환경적 요인 등에 기인하는 것으로 알려져 있다.

여성의 경우 피부 노화 현상은 48~52세의 폐경기 이후 급속히 진행되어, 주름 생성이나 탄력 저하가 발생한다. 그러나 자연적으로 노화되지 않고 인위적으로 노화가 촉진되는 경우도 있다. 예를 들어 햇볕, 사우나 등으로 피부에 열이 가해지는 경우인데, 피부 온도가 높아질수록 노화 속도가 빨라지기 때문이다.

태양 자외선에 오래 노출될수록 노화는 일찍 발생하며 증상도 더 심해진다. 따라서 오랫동안 자외선을 쬔 노인은 그렇지 않은 노인들에 비하여 얼굴과 팔에 주름살, 색소 침착, 탈색, 피부 건조, 탄력 저하 등이 많이 나타난다.

그밖에 오염된 공기나 물, 흡연 등의 환경에 의해 피부가 노화되기도 하는데, 청정한 지역에 사는 사람보다 도회지 사람들의 노화가 더 빠른 편이다. 그리고 흡연자의 피부는 비흡연자의 피부에 비해 훨씬 노화된 것을 확인할 수 있다.

또한 스트레스를 심하게 받으면 몸에서 활성산소가 발생하여 피부 노화가 비롯된다. 몸의 질환도 피부를 노화시키는 원인이 된다. 예를 들어 결핵, 신장이 나쁜 사람, 간이 나쁜 사람, 당뇨병이 있는 사람, 위장이 약한 사람, 체력이 약한 사람들은 피부가 거칠어진다.

노인성 가려움증

노인성 피부질환 중에서 가장 흔히 관찰되는 증상으로, 일명 소양증이라고도 한다. 노인성 가려움증은 피부가 건조하고 거칠어져서 생기는 것으로, 70세 이상 노년층의 절반 이상이 흔히 겪는 증상이다. 젊을 때는 피부에 수분이 30% 이상이지만 나이가 들면 20%까지 떨어진다. 이밖에 당뇨 합병증으로 신경이 손상되면 피부에 작은 자극만 받아도 가려움을 느끼게 되고, 만성 신부전증에 걸리면 배설이 제대로 되지 않은 체내 노폐물이 피부조직 밑에 쌓이면서 가려움증이 나타난다.

가려움증은 주로 밤에 심해지며 건조한 겨울에 더욱 빈번하다. 노인성 가려움증은 실내온도가 높고 습도가 낮은 아파트에서 생활하는 경우, 특히 매일 목욕하는 경우에 더 흔하게 나타난다.

노인성 가려움증을 없애려면 피부가 건조해지지 않도록 관리해야 한다. 피지가 씻겨나가지 않도록 샤워나 목욕을 주 1회 내외로 줄이되, 비누를 이용하지 않고 타월 대신 맨손으로 닦으면 가려움증 완화에 도움이 된다.

무좀

65세 이상 노인의 80%는 발의 무좀 또는 발톱 무좀을 갖고 있다. 노인 무좀이 증가하는 이유는 우선 면역 기능이 떨어지기 때문이며 피부의 재생 속도가 감소되기 때문이다. 피부를 청결하게 관리하지 않는 경우에도 발생한다. 대표적인 증상은 발바닥의 피부가 두꺼워지고 물집이 생기거나 발톱 사이가 짓무르는 것이다. 발톱에 무좀이 생기면 발톱이 노랗게 변하고 두꺼워지며, 쉽게 부스러진다. 가려움 때문에 긁으면 2차 습진을 발생시키거나 세균 감염이 발생되기도 한다.

갈색 반점

갈색 반점은 70세 이후의 노인에게서 흔히 나타나는 증상이다. 소위 '저승꽃'이라 불리는 이 반점은 나이가 들면서 피부가 노화되어 발생하는데, 주로 태양에 자주 노출되는 얼굴이나 팔뚝 부위에 잘 생긴다.

갈색 반점은 화학적으로 피부를 벗겨내는 박피술 또는 레이저로 반점을 태우는 치료법이 있지만, 무엇보다 예방이 중요하다. 즉 일상생활에서 햇볕을 직접 쬐지 않고 외출시 자외선 차단제를 바르는 습관을 들여야 한다. 그러나 피부의 노화로 인한 증상이므로 노화의 속도를 줄이는 노력이 우선이다. 규칙적인 생활, 폐경기에 특별히 관리하는 것, 뜨거운 물에서 장시간 목욕하지 않는 것, 공해에 피부를 노출시키지 않는 것 등 기본적인 관리만 해도 반점의 속도를 늦출 수 있다.

치아질환

옛날부터 건강한 치아는 오복五福 중의 하나라고 하였다. 원래 오복
이란 장수하는 것, 물질적으로 넉넉하게 사는 것, 몸이 건강하고
마음이 편안한 것, 도덕 지키기를 좋아하는 것, 제 명대로 살다가
편히 죽는 것을 말한다. 그런데 치아는 몸 전체의 건강과 직결되
어 있기 때문에 오복 중 하나로 꼽히게 된 것이다. 즉 몸이 건강하
고 마음이 편안하기 위한 필수조건이 치아의 건강인 것이다.

치아에 이상이 생겼을 때는 바로 치과에 가서 치료를 받아야 하지
만, 치아 질환은 활동기와 휴식기가 있어 몸이 피곤하면 잇몸이 욱
신거리고 붓다가도 쉬고 나면 가라앉는 속성이 있어 대개 대수롭
지 않게 생각하고 넘어가는 경우가 많다. 더욱이 통증이 느껴질 때
정확한 진단 없이 진통제부터 사먹는 경우가 많은데, 이것은 간단
히 치료할 수 있는 기회를 놓치는 잘못된 습관이다. 결국 치료나 재
생이 불가능할 때가 되어서야 치과를 찾게 되기 때문이다.

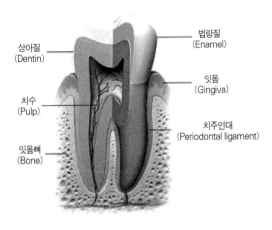

상아질
(Dentin)

법랑질
(Enamel)

치수
(Pulp)

잇몸
(Gingiva)

잇몸뼈
(Bone)

치주인대
(Periodontal ligament)

치아의 구조

　노년기에 치아가 건강하지 못하면 음식물을 씹기가 어려울 뿐만 아니라 영양 불균형, 소화불량, 스트레스로 이어지게 된다. 또한 치아가 빠져 잘 씹지 못하게 되면 뇌로 전달되는 자극이 약해져 뇌세포 활동이 느려지고, 노인성 치매가 유발되거나 악화될 수도 있다. 치아가 건강하면 평균적으로 7년 정도의 수명이 연장된다고 한다.

잇몸 질환

잇몸 질환은 치아를 둘러싸고 있는 잇몸, 치조골, 치아와 치조골을 연결시켜 주는 치주인대 등에 염증이 발생하여 잇몸이 붓고 피가 나며 통증이 수반되는 염증성 질환을 말한다. 이것은 구강 내에 살고 있는 세균이 치아와 잇몸 사이에 부착되어 염증성 독소를 발생시키기 때문이다.

잇몸 질환은 초기에는 별다른 증상이 없으나 통증을 느낄 정도가 되면 치료가 불가능해고, 결국 치아를 잃게 될 수도 있으므로 주의해야 한다. 잇몸 질환은 성인 10명 중 9명이 앓고 있을 정도로 일반적인 증상으로 노인들은 각별히 주의해야 한다.

잇몸 질환은 크게 치주염과 치은염으로 나뉘는데, 각각의 증상을 보면 다음과 같다.

: 치주염   흔히 풍치라고도 하는데, 치아를 지탱하고 있는 치주 조직이 세균 및 독소에 의해 서서히 파괴되는 질환이다. 방치할 경우 치아가 흔들리면서 빠져버리기도 한다.

치주염은 치은염을 치료하지 않고 방치하였을 때 주로 나타나는데, 치아와 치은 경계부에 국한되어 있던 프라그나 치석이 잇몸 뼈로 진행되어 잇몸 뼈가 서서히 녹는 것이다. 주된 증상은 입냄새가 심하게 나거나 잇몸이 붓고 양치질할 때 피가 나는 것으로, 잇몸이 주저앉아 치아가 길게 보인다.

치주염을 치료하기 위해서는 잇몸 속의 치아뿌리에 붙어 있는 치태와 치석을 제거하고 치아 뿌리 표면을 매끄럽게 하는 치근 활택술을 받아야 한다. 오랫동안 치주염을 방치하면 잇몸 뼈가 녹아서 임플란트도 할 수 없기 때문에 조기에 발견하여 치료하는 것이 중요하다.

: 치은염 잇몸 질환의 초기단계로서 치은과 치아 경계부위에 침착된 프라그나 치석으로 인해 염증이 생기는 질환이다. 가장 흔한 증상은 잇몸이 붓고 칫솔질할 때 피가 나는 것으로, 증상이 심하지 않은 경우에는 올바른 칫솔질과 스케일링만으로 간단히 치료할 수 있다.

잇몸 질환을 치료하지 않고 방치하게 되면 입 속 세균으로 인한 독소가 혈관을 타고 들어가 심장 질환을 일으킬 수도 있고, 구강 염증이 퍼지면 합병증으로 치아가 모두 빠질 수도 있다. 또한 세균이 당의 흡수를 막아 혈당 조절에도 영향을 미칠 수 있다.

노인들은 오래 살지 못할 것이라는 생각 때문에 잇몸 질환을 방치하는 경우가 많은데, 이처럼 치아 질환은 몸 전체의 건강을 좌우하게 되므로 반드시 치료해야 한다.

치아 마모

치아는 원래 일정한 높이를 갖고 있는데 노화되면 심하게 마모되거나 모서리가 칼날처럼 날카로워지기도 한다. 이런 경우 혀가 지속적으로 자극을 받아 종양이 생기기도 한다.

치아를 많이 사용하여 마모되는 경우도 있지만 구연산을 포함한 과일이나 탄산음료와 같이 산도(pH)가 낮은 음식을 섭취할 경우 지장을 받기도 한다. 치아가 심하게 닳으면 신경관이 노출되어 심한 통증을 느끼게 된다.

치아 마모를 줄이기 위해서는 양치질을 하루에 1회로 줄여야 하며, 통증이 계속되면 신경치료를 받아야 한다. 또 인공 치아를 덧씌우는 보철을 함으로써 마모로 인한 부작용을 해소할 수도 있다.

구강건조증

침샘의 노화로 인하여 침이 잘 분비되지 않는 노년기 증상이다. 침은 항균작용뿐만 아니라 효소를 배출해 음식물 분해를 도우며 면역 기능까지 담당한다. 그런데 입안이 건조해지면 입 안의 항균 기능이 떨어지고 세균 번식에 유리한 환경이 되어 각종 부작용을 일으킬 수 있다.

끈적거리거나 거품 같은 침이 형성되기도 하고, 증상이 심한 경우에는 치아나 잇몸에도 문제를 일으킨다. 특히 틀니를 착용한 경우에 침샘 분비가 적으면 구강점막이 보호되지 않아 문제가 된다. 구강건조증을 방지하는 방법은 수분을 공급하기 위해서 물을 자주 마시거나 수분이 많은 음식을 먹는 것이다.

노인성 충치

노년기에는 잇몸이 점차 내려앉아 치아 뿌리가 노출되는데, 이로 인해 치아 뿌리에 충치가 생기는 치근 우식증이 발생한다. 실제로 60세 이상 노인의 70%는 치근 우식증을 앓는 것으로 확인되고 있다. 충치는 입 안에 사는 세균이 치아의 당분을 분해하고 난 뒤 산성분의 찌꺼기가 치아를 삭게 만드는 과정에서 생긴다.

노인성 충치를 예방하는 방법은 당분 섭취 횟수와 양을 줄이거나, 야채와 과일을 섭취한 뒤 양치질로 치아에 달라붙은 찌꺼기를 씻어내는 것이다.

임플란트

인체의 다른 기관들은 복원의 기능이 있어 일정한 기간 동안이 지나면 원상으로 회복되는데, 치아는 한번 손상되면 다시 재생되지 않는다. 치아는 유아부터 청소년기에 충치를 제대로 관리하지 못하면 평생 불편하게 생활해야 하고, 나이가 들면 치주병(풍치)으로 인하여 치아가 빠져버린다.

이처럼 치아가 빠져 틀니나 임플란트를 해야 할 때 효능과 비용, 등에 대한 정보가 없어서 답답한 경우가 많다. 틀니와 임플란트를 비교해 보면 다음과 같은 차이가 있다.

우선 시술 기간을 보면 틀니는 임플란트에 비해 시술 시간이 3~6개월 정도로 짧은 편이다. 임플란트는 잇몸 뼈가 충분하다면 4개월 정도를 기다려야 하며, 잇몸 뼈가 부족하다면 뼈를 이식한 뒤 3~4개월의 추가 기간이 필요하다. 반면 씹는 힘의 차이가 있는데, 틀니의 씹는 힘이 30~40점이라면 임플란트는 90점 이상으로 자연 치아와 비슷한 강도를 지닌다. 또한 틀니는 발음이 불편하고 잇몸 통증이나 이물감이 느껴지는 경우가 많은 반면, 임플란트는 고정되어 있어 수시로 교체할 필요가 없다.

비용면에서는 임플란트가 틀니보다 비싼 편이다. 치아 전체를 틀니로 할 때 500~1000만 원 정도라면, 임플란트는 병원마다 차이가 있지만 개당 150~250만 원선이다.

처음 틀니를 착용한 경우에는 빡빡하기도 하고 잇몸이 눌려 통증이 생기기도 한다. 또 시간이 지날수록 잇몸 뼈가 점점 소실되어 틀니가 헐거워지게 된다. 틀니는 씹을 때마다 상하좌우로 움직이기 때문에 음식을 먹을 때 스트레스를 받을 뿐만 아니라 씹는 힘도 약해서 먹을 수 있는 음식이 제한적이다. 그리고 틀니를 끼웠을 때 잇몸이 간질간질하거나 염증이 생길 수도 있다. 밤에 틀니를 끼고 잘 때 특히 더 염증이 발생하므로 자기 전에 틀니를 빼어 잇몸을 쉬게 하고 칫솔이나 손가락으로 잇몸 마사지를 해주는 게 좋다.

임플란트는 이를 지탱하고 있던 뼈 속에 인공 뿌리를 박고 인공 치아를 심는 방식이다. 부분적으로 2개 혹은 4개를 심고 이를 지지대로 삼아 틀니를 거는 방식이 주로 쓰이는데, 이런 경우 씹을 때 흔들림이 거의 없기는 하지만 비용이 비싼 편이다.

임플란트를 시술할 수 있으려면 잇몸 뼈가 있어야 한다. 따라서 임플란트를 할 계획이라면 발치할 때 바로 시작해야 한다. 치아를 상실한 채 계속 방치해 두면 잇몸 뼈가 없어질 수도 있고, 치열이 비뚤어지고 프라그 제거도 어려워 치주 질환을 더욱 부추기기 때문이다.

한편 임플란트는 신경이 없기 때문에 인공 치아에 이상이 생겼을 때 통증을 느끼지 못해서 방치되기 쉽다. 일반 치아와 마찬가지로 잇몸에 심어진 구조이므로 잇몸 건강을 유지하지 않으면 '임플란트 주위염'이라는 풍치에 걸릴 확률이 높다. 임플란트를 오랫동안 사용하고 싶다면, 시술 후 잇몸 뼈가 안정되는 처음 1년 동안은 3~4개월마다 정기검사를 받아야 하며, 그 이후로도 일 년에 한 번씩은 반드시 검사를 해야 한다. 또한 올바르고 효율적인 칫솔질과 정기적인 스케일링을 통해 잇몸질환을 예방하는 것이 좋다. 임플란트는 약 15년의 수명을 보장하고 있긴 하지만, 사용하는 사람의 습관에 따라 그 기간이 연장되기도 한다.

임플란트를 하고 싶지만 잇몸 뼈가 삭아 없어진 경우에는 잇몸 뼈를 이식하는 수술을 해야 한다. 이식에 쓰이는 뼈는 자신의 뼈나 인공 뼈를 사용하는데, 하악골의 턱 부위나 하악지 사랑니 쪽 뼈 부위, 심지어 엉덩이뼈에서 뼈를 떼어 이식하는 방법이 있다.

임플란트 가격이 부담스럽다면 임플란트를 몇 개만 심고 틀니를 연결하는 방식을 선택할 수 있다. 임플란트를 2~6개 정도만 심고, 틀니와 연결해도 자연 치아의 80~90% 정도의 기능을 할 수 있기 때문이다.

미각 장애

우리가 맛을 느낄 수 있는 것은 혀에 있는 맛 봉우리, 즉 미각을 담당하는 3000~1만 개의 미뢰 기관 때문이다. 미각의 기본이 되는 맛은 단맛, 쓴맛, 짠맛, 신맛의 4가지 맛으로, 우리가 음식물을 통해서 느끼는 여러 가지 다양한 맛은 이 4가지 맛의 다양한 조합에 의한 것이다. 그런데 혀에는 이 4가지 기본 맛을 잘 느끼는 부위가 별도로 있어서 단맛은 혀의 앞쪽, 쓴맛은 혀의 뒷부분, 신맛은 혀의 옆쪽, 짠맛은 혀끝과 옆쪽에서 잘 느끼게 된다.

맛을 느끼는 경로는 미뢰에서 파악된 화학적 성분이 전기적 신호로 바뀌어 대뇌로 전달되고, 대뇌는 맛의 유무 및 맛의 종류를 감지하고 그에 따라 신경 전달물질을 분비하는 것이다. 엄밀하게 말하면 맛은 혀가 느끼는 것이 아니라 뇌가 느끼는 것이라 할 수 있다. 혀는 단지 입안에 들어온 음식에 대한 기본적인 자료를 뇌에 전달하는 역할을 수행할 뿐이다.

입에서 맛을 느끼는 미각세포는 45세 즈음부터 조금씩 줄어들고 퇴화되기 시작하여 중년 이후에는 점점 입맛이 없어지고 맛을 잘 느끼지 못하는 경우가 생기는데, 이를 노화에 의한 미각 장애라고 한다. 그러다 보니 너무 짜거나 달게 먹는 습관이 생기게 되곤 한다. 미각 장애는 곧바로 심각한 문제를 만들지는 않지만 소금, 설탕 등을 많이 섭취하게 만들어 고혈압, 당뇨 등을 불러일으킨다.

여성의 경우, 폐경으로 인해 호르몬 분비에 변화가 생기게 되면 침 분비가 원활하지 않아 미각 장애가 생길 수 있다. 침은 섭취한 음식을 용해시키고 작은 분자로 만들어 혀의 미각세포가 맛을 잘 감지하도록 돕는 역할을 한다. 따라서 침이 적어지면 음식을 먹었을 때 맛을 잘 느끼지 못하거나 아예 입맛을 잃어버리는 경우도 있다. 더러는 미각과 연결된 후각의 기능이 감퇴하여 입맛이 변하기도 하며, 흡연이나 스트레스를 받았을 때 일시적으로 침의 성분이 변하면서 입맛이 써지기도 한다. 또 당뇨병이나 갑상선 기능저하증, 신장 질환, 위식도 역류증, 충치, 구강 칸디다증 등의 질환으로 인해 미각이 손상되는 경우도 많다.

미각 장애를 예방하기 위해서는 맵거나 짠 음식 섭취를 줄이는 것이 좋다. 특히 지나치게 매운 맛은 미각을 느끼는 혀의 돌기를 상하게 하여 다른 맛에 둔해지게 만든다. 평소 양치질을 할 때 칫솔이나 혀 클리너 등으로 혀에 낀 설태를 제거하면 미각이 예민해지며 입 냄새도 제거된다.

후각 장애

후각이란 코 속에 분포된 감각세포의 반응으로 감지하게 되는 감각으로, 대개 30~60세 사이에 가장 정확하고 60세 이후부터 그 기능이 현저하게 저하된다.

 이러한 후각 장애가 생기면 냄새를 맡는 문제뿐만 아니라 맛을 감지하는 기능에도 지장을 준다. 후각은 음식의 다양한 향을 느끼게 함으로써 식욕을 증진시키는 데 중요한 역할을 하기 때문이다. 실제로 코를 막고 음식을 먹으면 단맛, 쓴맛, 신맛, 짠맛은 느끼지만 음식 특유의 향을 맡을 수 없어 무슨 음식을 먹고 있는지 구분할 수 없다. 맛을 잃었을 때 후각 장애가 원인인 경우가 많은 것도 이러한 까닭이다.

 후각 장애로 인해 미각을 잃게 되면 식욕이 상실되어 영양 결핍 또는 특정 음식만 편식하기 쉬워져 영양 장애가 생길 수 있다. 뿐만 아니라 유독가스 등을 맡을 수 없어 화재 또는 폭발 등의 사고가 발생했을 때 위험에 처할 수도 있다. 게다가 후각 장애가 오래 지속되면 이 사실을 숨기려는 마음 때문에 사람을 기피하는 대인 기피 증상이나 우울증이 발생할 수 있다.

대부분 나이가 들면 후각 기능이 쇠퇴하는데, 처음에는 자극성 약한 냄새를 잘 맡지 못하다가 점점 증상이 심해지면 아예 냄새를 맡지 못하는 무취증에 시달리기도 한다. 또는 냄새를 맡을 수는 있으나 다른 냄새로 잘못 인식하는 경우도 있고, 어떤 냄새를 몇 분 정도 맡은 뒤부터는 전혀 냄새를 느끼지 못하는 경우도 있다.

후각 장애는 노화에 의해 후각세포가 소멸되어서 나타나기도 하지만, 감기를 앓고 난 후 후각세포의 손실에 의한 후각 장애, 두부 손상에 의한 후각신경 손상, 호르몬 이상, 오랫동안 독성 물질에 노출된 경우, 흡연 등 다양하다.

후각 장애는 원인이 무엇이냐에 따라서 치료 여부가 결정되므로 냄새를 못 맡게 된 원인을 정확히 알아야 한다. 예를 들면 시작은 언제부터인지, 어떤 상황에서 어떤 증상을 느끼는지, 알레르기가 있는지 없는지, 어느 계절에 증상이 더 심한지 등을 잘 기록하였다가 이비인후과 전문의에게 알려주면 진단에 많은 도움이 된다.

골다공증

골다공증은 뼈의 노화로 인해 뼈에서 칼슘이 심하게 빠져나가는 증상으로, 바람 든 무와 같이 뼈에 구멍이 숭숭 뚫리게 된다. 갱년기 이후 호르몬이 불균형해지면 뼈에 영양분이 충분히 공급되지 않아 노화가 시작된다.

뼈의 노화는 누구에게나 생기는 것이지만 골다공증은 연령에 비해 빠르고 급격하게 발생하므로 치료를 받아야 한다. 골다공증에 걸리면 조금만 무리해서 일을 하거나 오래 걷거나 서 있어도 뼈와 근육, 관절들이 시큰거리는 통증이 나타난다. 방치하면 뼈가 무르고 쉽게 부러지는데, 노인들이 빙판길에서 넘어져 뼈가 부러지는 것도 다 골다공증 때문이다. 이러한 퇴행화가 진행되면 뼈와 근육, 연조직 등이 모두 연약해져 염증까지 발생한다.

골다공증에 의한 골절은 뼈가 매우 약한 상태에서 발생하므로 수술을 해도 쉽게 뼈가 붙지 않는 경우가 많다. 더욱이 골절로 인해 침상에 오랫동안 누워 있게 되면 폐렴이나 욕창, 패혈증 등 합병증이 발생할 가능성이 높다.

　골다공증은 주로 흑인보다 백인들에게 더 많이 발생하는데 이는 골의 총량이 흑인보다 더 적기 때문이다. 남녀의 비는 1:2로 여성이 더 많다. 연령층을 보면 여성에게는 45세 이후에 급속히 증가하고, 남성은 50~60대 이후에 발생한다. 드물게 청소년이나 40세 이하의 젊은 층에서 나타나기도 한다.

　골다공증은 전체 뼈에서 나타나기도 하지만 어떤 경우에는 팔과 다리뼈에 국한되어 나타나기도 한다. 낙상환자를 조사해 보면 손목 골절이 가장 많았고, 이어서 척추 압박 골절, 엉덩이뼈 골절 순으로 나타난다. 이는 넘어지면서 반사적으로 손을 가장 먼저 바닥에 대어 손목뼈인 요골이 부러지기 때문이다.

　골다공증을 예방하는 확실한 방법은 없지만 칼슘제, 비타민 D, 에스트로겐 같은 호르몬 등 뼈를 강화하는 약물을 투여하는 것이 좋다. 그리고 평소에 꾸준한 운동과 바른 식습관으로 뼈가 약해지는 것을 막아야 한다.

합병증이 무서운 당뇨병

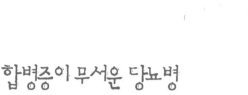

당뇨병은 현대인에게 많이 발생되는 만성 질환으로, 생활수준이 높을수록 발병률이 높아 문화병으로 취급되고 있다. 선진국의 경우 당뇨병 환자가 전체 인구의 10%까지 보고되고 있고, 우리나라에서는 1980년대부터 갑자기 증가하여 전체 인구의 약 5% 정도가 당뇨 환자로 추정되고 있다. 요즘에는 노인 인구의 급증으로 노인 당뇨병에 대한 관심이 높아지고 있는데, 65세 이상 노인의 약 10%가 당뇨병을 지닌 것으로 조사되었다.

당뇨병이란 간단히 말해 소변으로 당이 배출되는 병을 말한다. 포도당은 밥, 떡, 밀가루 음식, 빵, 면 종류, 감자 등에 들어 있는 탄수화물이 위장에서 소화되어 만들어진다. 이러한 포도당은 혈액 중에 흡수, 저장되어 있다가 인슐린의 작용으로 조직세포 속으로 들어가서 영양분으로 쓰이게 된다. 그런데 이러한 조절 기능에 문제가 발생하여 포도당이 밖으로 빠져나가는 것이 당뇨 증상이다.

당뇨병의 정확한 원인은 아직 규명되지 않았지만 지금까지의 연구 결과들을 종합해 보면 비만, 과식, 운동 부족, 스트레스, 호르몬 분비 이상, 감염증과 약물 복용 등이 원인인 것으로 나타났다. 주된 증상은 만성피곤을 비롯하여 몸이 약해지고 피부가 건조하거나 가려움증이 생기는 것이다. 그리고 손과 발의 감각이 둔해지거나 따끔따끔한 증상이 나타나며, 감염이 자주 일어나고 상처가 잘 낫지 않는다.

이외에도 시력 저하나 성기능 저하와 함께 소변량이 증가하고 심한 갈증을 느낀다. 뿐만 아니라 당뇨병 환자는 많은 양의 식사를 하여도 충분한 영양을 얻을 수가 없고 체중이 감소하거나 쉽게 허기가 지는 비정상적인 상태에 놓이게 된다.

당뇨병이 위험한 이유는 당뇨병 자체의 증상보다는 합병증 때문이다. 당뇨병에 걸리면 쉽게 찾아오는 합병증에는 다음과 같은 것들이 있다.

눈 합병증

당뇨병에 걸리면 눈에 망막증과 백내장이 찾아오기 쉽다. 망막증이란 눈의 가장 안쪽의 망막 혈관이 취약해져 출혈하거나 일부분이 부풀어 작은 혹이 생기는 현상을 말한다. 백내장이란 수정체의 단백질이 변성되어 빛이 눈 속에 들어가지 않는 현상을 말한다. 망막증과 백내장이 심해지면 결국에는 실명하게 된다.

신장 합병증

당뇨병에 걸려서 혈당의 컨트롤이 불량한 상태가 오래 계속되면 지방을 함유한 당단백질이 모세혈관의 벽에 끼고 혈관벽이 두꺼워지면서 혈관의 경화증이 일어난다.

심근경색증

심장은 1분간 70회 정도의 심장 근육이 수축하여 혈액을 내보내는 엄청난 일을 하고 있다. 이런 근육이 끊임없이 움직이려면 언제나 충분한 영양분이 공급되어야 하고 그 영양분이 연소하는 데 필요한 산소가 공급되어야 하는데, 당뇨병에 걸리면 혈관이 약해져 영양분과 산소가 제대로 운반되지 않아 심근경색이 나타난다.

고혈압

비만한 중년의 경우 당뇨병에 걸리기 쉽다. 비만한 경우 영양소를 지방으로 저장하기 때문에 혈액 중의 인슐린이 증가한다. 인슐린은 신장의 나트륨 분해 기능을 억제하는 효과가 있으므로 식염을 많이 섭취했을 때와 똑같이 고혈압이 생긴다.

신경병증

신경은 크게 세 가지로 나뉘는데, 손발을 움직이는 운동신경, 아폼이나 뜨거움과 차가움 등의 감각을 전해주는 지각신경, 심장이나 위장 등의 움직임을 조절하는 자율신경이 있다. 당뇨병에 걸리면 이런 세 가지 신경 모두가 장해를 일으키는데, 가장 크게 영향을 받는 것은 지각신경이다. 지각신경에 변화가 생기면 신경통이 일어나거나 가렵거나 지각이 둔해지게 된다.

발 병변

당뇨병에 걸리면 혈관이 가늘어져 충분한 영양이 공급되지 않기 때문에 색이 변하고 종기가 나며, 심해지면 발가락이 썩기도 한다.

이와 같이 당뇨병은 완벽한 치료가 불가능하기 때문에 예방이 가장 좋은 방법이다. 우선 당뇨병에 가장 위험한 것은 비만이므로 항상 표준 체중을 유지할 수 있도록 적절한 운동을 생활화해야 한다. 적절한 운동은 당뇨병뿐만 아니라 심혈관계의 합병증을 예방하는 데에도 좋다. 또한 지나친 열량 섭취를 절제하고, 포화지방을 줄이되 섬유질의 섭취를 늘리는 것이 좋다. 지나친 스트레스나 육체적 과로, 술과 담배를 피해야 한다.

나이가 들면 지능도 떨어진다?

노년기가 되면 지적 능력이 저하되는 현상이 나타난다. 임상심리학자 클리마이어는 12년간에 걸쳐 13명의 남자 노인을 대상으로 지적 능력이 어떻게 변화되는지를 검사했는데, 지적 능력이 급격히 감퇴한 노인들의 경우 그렇지 않은 노인들보다 일찍 사망하는 결과를 발견하였다. 이것은 인지 능력의 저하 속도가 사망 시기와 연관되어 있음을 말해 주는 것으로, 노인들의 지능 수준이 수명의 한계를 예언해 주는 지표가 될 수 있다.

예전에는 노인의 지적 능력이 나이에 따라 퇴화된다는 설이 지배적이었으나, 요즘에는 지능의 종류에 따라 감퇴 정도가 다르다는 연구 결과가 발표되고 있다. 노인의 언어성 검사와 동작성 검사를 통한 지능 검사가 이를 뒷받침하고 있다. 예를 들어 대상을 비교 구분하고 논리적으로 추론하는 능력과 어휘력은 사색과 인식 능력에 따라 60세까지 꾸준히 발전된다고 한다. 경우에 따라서는 80세에 이른 사람이 30세와 똑같은 능력을 지니기도 한다. 특히 어휘력은

70세까지 안정적이거나 증가하기도 한다.

반면 대상에 대한 반응 속도나 기억력, 숫자 감각, 정확성 등은 20~30세 사이에 절정을 이루다가 70세 이후 급격히 저하되는 것으로 나타났다.

또한 노인의 경우 갈등 상황에서 해결책을 찾아내는 문제 해결 능력도 감퇴되는데, 문제의 종류에 따라 다소 차이는 있지만 연령이 증가하면서 감소하는 것으로 나타났다. 이러한 문제 해결 능력은 기억력과 매우 유사한 양상을 보인다. 예를 들어 길을 가다 자동차가 다가올 때 순간적으로 그 해결책을 찾는 능력이 젊었을 때보다 어려워지는 것이다. 상식적인 문제를 해결할 때는 연령에 따른 차이가 거의 없지만, 이해력은 50~60세까지는 차이를 보이지 않다가 이후부터 감소한다고 한다. 수의 연산 능력도 50세까지는 안정적이지만 이후에는 감소하는 것으로 나타났다.

노인이 되면 조심성이 많아지고 추측하는 것을 싫어한다. 따라서 결론이 정확하지 않을 때에는 아예 나서지 않는 경향을 보인다. 또한 노인들은 속도보다는 정확성을 중요시하며 위험을 감수하려 하지 않는다. 이러한 성향은 일상생활에서도 나타나는데, 궂은 날씨에 운전하기를 싫어하거나 새로운 음식을 싫어하는 면들이 이에 해당한다.

이러한 조심스러운 행동은 매우 합리적인 반응이기도 하다. 왜냐

하면 노인들은 자신의 감각기제와 운동기제가 더 이상 효율적이지 않음을 잘 알고 있고, 인생에서 실수가 초래하는 결과가 어떠하다는 것을 알기 때문이다. 결국 노인들은 익숙한 방법으로 일을 처리하는 것이 더 안전하다고 느끼기 때문에 융통성이 없는 것처럼 보이기도 한다.

지금까지의 결과를 보면, 나이만으로 지능을 감퇴시키는 요인을 설명할 수 없음을 알 수 있다. 실제로 생활방식이나 섭취하는 음식 등도 영향을 미치는 것으로 나타나고 있기 때문이다. 평소 독서를 하거나 생각을 많이 하는 노인들은 그렇지 않은 노인들에 비해서 지능 감퇴가 적었으며, 치매로 전이되는 경우도 적었다.

주의할 것은 노인들이 많이 복용하는 비타민 영양제 성분이다. 최근 미국의 어느 대학병원 연구진이 발표한 바에 따르면 비타민제에 흔히 포함되어 있는 엽산을 지나치게 섭취하면 지능이 감퇴될 수 있다고 한다. 그런가 하면 비타민 B_{12}를 섭취하였던 노인들의 경우에는 최고령자만이 지능 감퇴의 속도가 늦춰졌다는 보고도 있다.

치매, 효자도 등돌리게 하는 공포

치매란 노년기에 겪는 정신 장애의 일종으로, 기억력과 판단 및 사고력 등의 장애를 일으켜 일상생활에 지장을 초래한다. 영어로 치매dementia란 라틴어에서 유래된 용어로, 원래의 뜻은 'out of mind', 즉 '제 정신이 아닌' 상태를 의미한다. 우리나라에서는 '노망老妄'이라고도 한다.

흔히 노년기에 걸리는 경향 때문에 치매를 노환의 일종이라 생각하지만, 치매는 엄연한 '질병'이다. 치매의 원인은 매우 다양하여 약 70여 가지에 이르는데, 이 중에서 중요한 몇 가지를 보면 다음과 같다.

퇴행성 질환

정상적으로 활동하던 세포가 점차 소실되어 생기는 질환으로, 알츠하이머병이 대표적이다. 그 밖에 픽병, 파킨슨병, 진행성 핵상 마비, 미만성 루이 소체병 등이 있다.

뇌혈관 질환

뇌세포는 혈액으로부터 공급되는 산소와 영양분으로 기능을 유지하는데, 뇌혈관이 터지거나 막히면 산소와 영양분의 공급이 차단되어 뇌세포가 손상된다. 이와 같은 뇌혈관 질환이 누적되어 일으키는 치매를 혈관성 치매라고 한다.

대사성 질환

대사성 질환에는 저산소증_{심장마비, 연탄가스 중독}, 저혈당, 요독증, 갑상선 기능 저하증, 간성 뇌병증_{간염, 간경화증에서 동반되는 치매} 등이 있다.

결핍성 질환

뇌세포 활동에 중요한 역할을 하는 비타민이 부족하면 치매를 유발하는데, 비타민 B_{12} 결핍증, 티아민_{B1} 결핍증으로 인한 치매를 들 수 있다.

중독성 질환

알코올성 치매가 대표적이다. 술 자체가 뇌 세포를 파괴하기도 하고, 알코올로 인한 비타민 결핍증으로 인해 치매가 오기도 한다. 그 밖에도 중금속 중독, 일산화탄소 중독, 약물 중독 등으로도 치매가 발생할 수 있다.

뇌종양

악성 뇌종양이 급속하게 커지면서 또는 양성 종양이라도 서서히 진행하면서 치매를 일으킬 수 있다.

뇌 외상

뇌가 외부의 충격을 받게 되면 뇌세포가 손상되는데, 손상의 정도가 심하면 치매가 발생할 수 있다.

감염성 질환

신경매독, 만성 수막염결핵성 수막염, 진균성 수막염, 뇌염의 후유증, 광우병, 에이즈 감염 후에도 치매가 올 수 있다.

   치매는 심장병, 암, 뇌졸중에 이어 4대 주요 사인死因으로 알려져 있을 정도로 심각한 질병이다. 65세 이상의 연령에서 치매의 발병률은 약 5~7%, 80세 이상에서는 약 20%에 이르고 있는데, 노인 인구의 급속한 증가로 노인성 치매의 수도 크게 증가하고 있다.
   치매는 대체로 노년기에 나타나지만, 경우에 따라서는 젊은 나이에 발생하기도 한다. 발생 연령에 따라 구분해 보면 50세 이후 ~65세 이전에 나타나는 초로기 치매, 65세 이후에 나타나는 노년기 치매로 구분된다. 그런데 치매를 질환이 아닌 노환으로 여겨

치료하지 않고 방치하는 경우가 많다. 더욱이 치매와 건망증을 구분하지 못해 조기에 치료받지 못하는 경우도 많다. 이처럼 치매는 단순 건망증과 다르며 정상적인 노화 현상과도 구별되어야 할 병적인 현상이다.

건망증이란 '어떤 사실'에 대해서는 기억하지만 저장된 기억을 불러들이는 과정에 일시적인 장애가 발생하는 증상이다. 따라서 곰곰이 되짚어보면 잊었던 사실을 기억해 내는 경우가 많다. 반면 치매는 '어떤 사실' 자체도 기억하지 못하는, 즉 기억이 상실되는 것이다. 문제는 건망증이라고 하는 기억 장애가 치매의 일종인 알츠하이머병의 주요 초기 증상이라는 것이다.

치매에 걸리면 자주 물건을 잃어버리고 기억력이 떨어지며, 심한 경우 시간과 장소의 감각이 없어져 길을 잃거나 헤매게 된다. 그리고 같은 말이나 행동을 되풀이하거나, 결정을 잘 내리지 못하거나 판단력이 흐려진다. 이에 따라 읽기, 쓰기, 숫자 계산의 어려움을 느끼며 돈을 보관하거나 지불하는 데 문제를 느끼기도 한다. 외형적으로는 대소변 실금 증상이 생기며, 배변을 가지고 놀기도 한다. 또한 아이들처럼 기분과 행동이 순간적으로 변하기도 한다.

최근 많은 치매 노인들로 인해 부양가족이 고생하는 사례가 많아지고 있다. 특히 치매에 걸린 부모를 간호하느라 개인의 삶을 포기하는 경우도 적지 않다. 실제로 노인 치매를 돌보려면 모든 일상을 포기하고 오로지 간병에만 집중해야 하기 때문에 가족들 간의 갈등도 발생하기 쉽다. 더욱이 부부 간에는 집에서 간병할 것인가 아니면 노인 요양원 시설에 맡길 것인가 하는 것이 주된 갈등요소가 된다. 그래서 부모의 치매 앞에는 효자도 돌아눕는다는 말이 있다.

치매의 예방법은 원인별로 다르지만 대개는 규칙적인 운동, 금연, 절주, 사회생활 유지, 활발한 두뇌활동 등이다. 이외에도 우유나 생선, 과일, 채소와 같은 뇌에 좋은 건강 식사도 치매 예방에 좋다. 혈관성 치매의 경우에는 뇌졸중의 원인인 혈압, 당뇨, 고지혈증, 비만 등을 미리 조절하고 예방할 필요가 있다.

최근 불치병으로 여겨졌던 치매 치료에 희망을 예고하는 소식이 전해졌다. 화이자나 릴리 등 다국적 제약회사를 중심으로 20여 종의 치매 백신이 개발되어 2~3년 후에는 주사로 치매를 예방하거나 치료할 수 있을 것이라는 전망이다.

치매노인 간병을 돕는 제도

치매노인은 숨겨진 환자라고 지칭될 만큼 부양 부담이 매우 크다. 치매노인을 돌보려면 부양자가 전적으로 매달려야 하기 때문에 부양자들은 개인 시간의 부족과 피로 누적 등의 고통을 받고 있다.

끝없는 인내심을 가져야 하는 부양자로서는 시간이 지날수록 정신적인 문제를 겪기도 하고, 경제적으로 곤란해져서 치매 환자를 포기하거나 폭력을 휘두르기도 하고, 심지어 살인이라는 극단적인 사건을 일으키기도 한다. 이에 따라 사회적으로 치매 간병을 도와주는 제도가 다양하게 진행되고 있다.

치매 전문 병원

치매 전문 병원이란 치매 노인의 치료를 목적으로 하는 시설물로, 현재 전국에 14개 병원 2,000여 개의 병상의 시설을 갖추고 있다. 그러나 여전히 수요에는 턱없이 못 미치는 실정이다. 더욱이 치매 전문 병원이 지역 혐오시설로 인식되어 설립도 어려우며, 설치된

곳마저도 일부 지역에 편향되어 있어 접근성이 떨어지는 경우가 많다. 그러나 더 큰 문제는 장기 치료가 필수적인 치매는 경제적으로 부담이 크다는 것이다. 서민들로서는 이용하고 싶어도 엄두를 낼 수 없는 실정이다.

치매 전문 요양시설

치매 전문 요양시설은 치료가 아닌 요양에 목적을 두고 설치된 시설로, 말 그대로 간병만 해주는 곳이라 할 수 있다. 이러한 전문 요양시설도 턱없이 부족하여 치매 노인 중 1.53%만이 치매 전문 요양시설에 입소할 수 있는 실정이다.

주간 보호센터

맞벌이 부부 및 보호 가정의 질병 및 출장 등의 이유로 일시적으로 노인을 맡길 때 이용하는 곳이다. 보호 기간은 평일 7:30~19:30, 토요일은 7:30~15:30이지만 이용 노인과 그 가정의 형편에 따라 신축성 있게 운영하도록 되어 있다. 주간 보호센터에서 제공하는 서비스는 건강 지원 서비스, 치매 대응 서비스, 기능 회복 서비스(물리·운동·작업 치료 등 신체 기능 회복 프로그램), 여가 지원 서비스 등이며 응급상황 관리, 청결 위생관리, 건강 체크시스템 등을 제공하고 있다. 서울의 경우 비용은 약 200만 원이지만 본인

부담은 15%로 30만 원 정도를 내면 이용할 수 있으며, 한 센터당 15~20명 정도 수용하고 있다. 치매 가족이 다른 치매 가족과 만나 자신들이 필요로 하는 자원과 정보를 상호 교환할 수 있는 이점이 있으며, 서로 감정을 소통함으로써 정서적 안정을 얻을 수 있는 효과도 있다.

단기 보호센터

단기 보호센터는 치매 노인이 부득이한 사유로 가족의 보호를 받을 수 없는 경우 단기간 보호하고 서비스를 제공하는 곳이다. 그러나 단기 보호사업 기관은 전국에 두 곳밖에 없으며, 치매 노인을 전문으로 하는 기관이 아닌 부분적 수용을 조건으로 운명되고 있는 실정이다.

재가노인 보호

재가노인 복지사업은 정신적·신체적인 이유로 혼자서 일상생활을 수행하기 곤란한 노인 및 그 가정에 대하여 필요한 각종 서비스를 제공하는 제도를 말한다. 이는 노인이 안정된 생활을 영위하도록 하는 동시에 가족의 수발 부담을 덜어주기 위한 제도로, 가족과 함께 생활하는 노인의 경우 실비 또는 유료로 이용된다. 그러나 65세 이상 기초생활 수급자와 저소득층 노인에게는 지자체에서

무료로 서비스를 제공하기도 한다. 재가노인 지원 서비스는 요양
보호사가 직접 가정을 방문해 세면 도움, 구강 관리, 몸 청결, 머리
감기기, 목욕 도움, 식사 도움 등 신체활동 및 일상생활 지원 등을
제공하게 된다.

치매의 건강보험 적용

치매에 대한 건강보험은 장기간 입원환자의 경우에 해당한다. 일
정 기간 이상이 경과되어 의사의 치료행위 없이 요양 형태로 입원
한 경우 90일 이상 입원시 입원비의 약 40%에 해당하는 금액을
진료 내역에 따라 사례별로 삭감하는 것이다. 그 외 60%의 입원
료는 90일이 지나더라도 건강보험이 적용되며 기타 필요한 시술
을 한 경우에도 가감 없이 그대로 건강보험이 적용된다.

제4장

노인의 성性,
음지에서 양지로

현재 우리나라는 전 세계에서 가장 빨리 고령화가 진행되고 있다. 이제 인구 4명 중 1명이 65세 이상의 비율을 앞둔 시점에서 우리 사회가 모른 체하거나 무관심하게 방치해온 문제가 있다. 바로 노인의 성性 문제이다. 언급하기 불편하지만 노인의 성 문제는 이미 상당히 심각한 지경에 이르렀다.

한 통계에 따르면 남성 노인의 90%, 여성 노인의 30% 정도가 성기능을 유지하고 있다고 한다. 정상적 성생활이 가능한 노인 계층에 대하여 우리 사회는 마치 그들에게는 성적 욕구가 없거나 성기능이 다한 것처럼 인식하려고 한다. 선진국의 경우 장애인과 노인의 성문제에 대해 국가가 나설 정도로 적극적인 입장이나 우리나라의 경우 당면한 현실에 대한 대비책이 시급한 상황이다.

"나이는 숫자에 불과하다"를 증명한 만학도

76세의 J할머니는 20년 전에 남편과 사별한 뒤 혼자 사는 독거노인이다. 남편이 남긴 재산이 조금 있었으나 두 아들을 결혼시키는데 써버리고 자신은 기초생활 수급자로 전세방에 살고 있다.

J씨는 사는 게 외롭고 힘들어서 빨리 죽고 싶다는 생각만 해왔으나, 우연히 동네 노인복지관에서 운영하는 영어회화반을 다니면서 생각이 바뀌기 시작했다. 일제 식민지시대에 태어나 초등학교만 간신히 나온 J씨는 남편이 영어 교사였던 터에 늘 자신의 초라한 학력이 마음에 걸렸다. 그래서 늦은 나이에도 공부해야 한다는 마음으로 용기를 낸 것이다.

그러나 기초가 부족한 할머니에게 영어회화반은 도움이 되지 못했다. J씨는 강사가 쉽게 가르치는 것 같은데도 이해하지 못하는 자신이 원망스러웠다. 그러던 차에 입학에 나이 제한이 없다는 M

중학교를 알게 되어 바로 입학을 결심했다. J씨는 69세의 나이에 중학생이 되었고 이후 3년 동안 한 번도 지각이나 결석을 하지 않고 반장까지 맡아 모범생으로 공부했다.

중학교를 졸업한 후에는 검정고시 학원에 등록하여 4개월간 밤 12시까지 공부를 했다. 하루 4시간씩 자면서 공부하였지만 예전에는 느낄 수 없었던 새로운 인생이 열리는 듯한 행복을 느꼈다.

결국 J씨는 고졸 검정고시에서 합격의 영광을 누렸다. 이 소식을 들은 자녀들도 어머니의 도전에 감동하여 축하해 주었다. 또 "살날도 얼마 안 남았는데 부질없는 짓"이라고 말하던 주변의 노인들도 "대단한 일을 했다"며 격려를 아끼지 않았다.

J씨는 살아오는 동안 이처럼 기쁜 적은 처음이었다. 게다가 공부에 몰두하다 보니 신경통 증상도 가시고 예전보다 활력이 넘쳤다. 앞으로 J씨는 건강이 허락하는 한 4년제 대학에서 영어를 전공할 계획이며, 졸업한 후에는 자신처럼 기초가 없어서 영어를 배울 수 없었던 사람들에게 무료지도를 하겠다는 목표를 세웠다.

J씨는 "나이는 숫자에 불과하다"는 말을 믿게 되었다. 자신을 믿고 따르면 안 되는 일은 없으며, 희망을 품고 산다는 게 얼마나 큰 기쁨인지를 주변 노인들에게 전파할 계획이다.

언제까지 성관계를 할 수 있을까

2002년에 「죽어도 좋아」라는 영화가 개봉돼 우리 사회에 큰 파장을 불러일으킨 적이 있다. 실화를 바탕으로 극화한 이 영화는 일흔을 넘긴 두 노인이 사랑하게 되는 과정을 그리고 있다. 죽음보다 더한 고독 속에서 하루하루를 지내던 두 사람의 격정적인 사랑을 그린 이 영화는 '노인의 성'도 마땅히 존중받아야 할 인권이자 행복 추구권임을 우리에게 전하고 있다.

이제까지 우리나라에는 노인들의 성행위를 낯부끄러운 일로 여기는 정서가 있어서 늙은 부부간에는 성관계를 하지 않는 것이 마땅하다고 여겨왔다. 결국 이러한 사회적 분위기는 노인 남자의 성능력과 성행위 등에 대해서 수많은 오해와 편견을 갖도록 만들었다. 예컨대 '노인이 되면 성기능이 소실된다' 또는 '소실되지 않고 남아 있다 하더라도 매우 미약해진다'라는 고정관념을 생산한 것이다. 더욱이 노인이 자신의 성적 욕구를 드러내놓거나 인정하는 것은 '노인'답지 못한 것이며, 노인의 성생활은 원기를 해치기 때문에 건강에 좋지 않다고 생각하는 경향이 있었다. 이러한 관념은 실제 생활에도 영향을 끼쳐 노인 남성들은 성적 욕구를 애써 무시하거나 회피할 수밖에 없었다.

그러나 실제로는 그렇지 않았다. 백석대학교 나임순 교수의 연구에 따르면 60세 이상 노인을 대상으로 성생활의 중요성에 대해 알아본 결과, 성생활이 '중요하다'는 응답이 '중요하지 않다'는 응답보다 월등히 많아 56.2% 대 22.4%를 나타냈다. 또 65세 이상 노인의 성생활 빈도를 조사한 결과, 조사 대상 노인의 50.2%가 성생활을 영위하고 있다고 답해 성생활에는 정년이 없음을 나타냈다. 성생활의 빈도는 월 1~2회가 26.4%, 3개월에 1~2회가 11.3%, 6개월에 1~2회가 7% 순이었다. '주 1회 이상'이라고 대답한 노인도 5.6%를 차지했다. 반면 '성생활을 하지 않는다'고 답한 49.8%의 대상이 밝힌 구체적인 이유는 신체기능 약화, 상대가 원치 않음, 상대 없음의 순으로 나타나 성적 욕구와 관련이 별로 없음을 알 수 있다.

일본의 경우, 삿포로 의과대학에서 발표한 자료에 의하면 80대 전반 노인 남성의 34%가 불규칙적이나마 성생활을 시도하고 있었고, 그 중 13%는 한 달에 1~2회의 성생활을 즐기고 있는 것으로 나타났다. 또한 70대 후반의 55%, 70대 전반의 65%, 60대 후반의 79%는 지속적으로 성생활을 영위하고 있다고 한다.

이처럼 80세가 되어도 건강 상태에 따라 성관계를 유지하는 사실을 보면 성관계는 나이와 무관한 것임을 알 수 있다. 이에 따라 건강관리를 잘한다면 죽기 전까지도 성관계를 가질 수 있다는 결론이다.

노인들의 성에 대한 편견은 노인 성범죄의 원인이 될 수 있으므로 이제 우리는 나이와 성생활에 대한 잘못된 인식을 버려야 한다. 노인도 욕망을 지닌 존재이며 그 욕망을 누릴 권리가 있음을 인정해야 한다. 또한 성기능의 약화라든가 성생활의 대상을 찾기 어려운 문제에 대해 사회적 배려가 필요하다는 인식을 공유해야 한다.

노년의 성기능은 어떻게 변화되는가

노인이 되면 육체적으로 다른 기능과 마찬가지로 성기능에도 변화가 생긴다. 예를 들어 젊었을 때는 성적 자극에 대하여 빠르게 반응하지만 나이가 들수록 반응 속도나 강도가 감퇴하게 된다. 실제로 남자의 성적 충동은 10대에 최고조에 달했다가 서서히 줄어든다고 한다. 반면 여성의 성감은 성인이 된 후 최고조에 도달하다가 60대 후부터 감소하는 경향을 보인다. 나이에 따라 나타나는 남성과 여성의 성기능 차이를 보면 다음과 같다.

남성의 변화

남자의 경우 나이가 들수록 남성 호르몬이 감소하며 성욕과 성기능도 감소된다. 특히 나이가 들수록 음경이 발기하기까지 시간이 길어지고 발기 이후의 지속시간도 짧아지는 편이다. 그리고 발기의 강도와 분비물, 정액의 양도 감소될 뿐만 아니라 전체적으로 기력이 약해진다. 하지만 이런 현상은 나이에 따른 자연스러운 것이므로 걱정할 문제는 아니다.

신체적으로 남자는 고환에서 분비되는 안드로겐의 영향으로 성욕이 발생한다. 다만 성욕을 불러일으키는 과정이 매우 복잡하여 시각적, 후각적, 청각적, 심리적인 영향을 받는다. 특히 노인들은 신체적 감각과 체력이 왕성한 젊은 층과 달리 간접적인 자극에 대한 반응이 무뎌지므로 직접적인 신체 자극이 없이는 성생활이 쉽지 않다. 이에 따라 남성 노인들은 피부 접촉의 욕구가 강해지는 경향이 있으나, 이러한 점을 스스로 인정하고 마음의 준비를 한다면 부부간에 자연스러운 애무와 포옹을 통한 즐거운 성생활을 누릴 수 있을 것이다.

그러나 외부적인 성적 자극에도 아무런 반응이 생기지 않는다면 질환에 의한 발기부전을 의심해 봐야 한다. 남성 발기부전의 가장 흔한 원인은 심혈 관계 질환과 당뇨 증상이다. 특히 동맥경화증의 초기 증상이 발기부전으로 나타나는 경우가 많으며, 음경 동맥에 이상이 있는 경우 고지혈증·허혈성 심장질환이나 뇌졸중의 영향이 많다. 당뇨병을 지닌 남성의 경우 발기부전 빈도는 28%로, 일반인의 3배 가까이 높다. 관절염도 통증이나 경직·동작의 장애로 인해 성관계를 어렵게 하며, 흡연도 발기에 안 좋은 영향을 미친다.

이런 경우 가장 문제가 되는 것은 노화 및 질병에 따른 성기능의 저하 자체보다는 이러한 변화에 대한 심리적 불안이다. 심리적 부담이 발기부전 등의 성기능 장애를 초래하기 때문이다. 이에 대한 강박관념만 버린다면 성행위의 빈도를 조절하거나 다양한 테크닉을 통해 지속적인 성생활을 즐길 수 있다.

노화로 인해 호르몬 발생이 부족해지는 경우에는 남성 호르몬 보충요법으로 효과를 얻을 수 있다. 남성 호르몬 보충요법은 성욕과 발기력을 향상시킬 뿐 아니라 골다공증 예방, 근력 강화, 컨디션 전환 등의 부수적인 효과도 얻을 수 있다. 요즘은 비아그라와 같은 경구용 발기부전 치료제를 이용하거나 음경해면체 주사제를 이용하여 발기부전을 극복할 수 있다.

여성의 변화

여성의 경우 주로 폐경기에 성욕과 성기능 저하 현상이 나타난다. 여성은 40대 중후반에 폐경기가 시작되는데, 이 기간에 난소 기능의 부전으로 여성 호르몬 및 남성 호르몬 분비가 감소된다. 이에 따라 갱년기 장애와 함께 질 분비액이 감소하고 생식기로 흐르는 혈류도 감소하면서 통증을 유발하거나 감각이 떨어질 수 있다.

폐경은 진화론적으로 볼 때 자손의 양육을 위해, 그리고 오래 살기 위한 신체적 전략이다. 따라서 폐경 증상이 곧 성생활 중단의 신호는 아니다. 여성의 몸은 나이가 들면 질액이 분비되기까지 시간이 좀 걸리긴 하지만 성적 흥분이나 쾌감은 거의 변화가 없다.

폐경기가 지난 뒤에도 정기적으로 오르가슴을 경험한 여성들은 섹스를 전혀 하지 않는 여자에 비해 질 위축이나 외성기의 장애가 적으며 심리적 만족감도 높다고 한다. 그러나 폐경기 이후에는 성적 행위를 자제하려는 경향이 있어, 이것이 실제적인 성생활에 영향을 주게 된다.

여성도 남성과 마찬가지로 젊을 때와는 다르지만 노후에도 여전히 성생활을 하는 것이 자연스러운 일이다. 여성의 경우 국소 호르몬제 또는 윤활제 등을 사용하거나 적절한 상담 치료를 통해 여성 성기능 장애를 호전시킬 수 있다.

사회문제가 되고 있는
노인 성매매와 성범죄

살펴본 바와 같이 인간의 성적 욕망은 나이와 관계가 없다. 심리적으로는 물론이거니와 육체적으로도 젊고 늙음의 차원을 벗어난다. 그러나 젊은 세대에 비해 노인의 성생활은 현실적으로 원활하지 못한 편이다.

가장 큰 문제는 남성 노인과 여성의 태도 차이에 있다. 즉 남성들이 성관계에 대해 적극적인 반면 여성들은 소극적인 자세를 취하는 편이다. 남성 노인의 경우 나이가 들수록 육체적 건강을 지키려는 의지가 강한 데다가 발기부전을 돕는 치료제가 시중에 많이 판매되고 있기 때문에 성생활을 원하지만 여성 노인의 경우에는 성적인 욕망을 자제하는 것이다.

이러한 욕구 간의 마찰로 인해 남성들은 집 밖에서 충족의 기회를 얻으려 하고, 이 과정에서 사회 문제가 발생한다. 특히 배우자가 없는 노인들에 대해서는 고령화 사회를 맞이하여 사회적 관심이 절대적으로 필요하다.

질병관리본부의 성병 진료자 현황을 분석한 결과에 따르면, 65세 이상 노인 인구의 진료건수는 최근 5년 동안 43% 증가_{4만 4000건}에서 6만 4000건한 것으로 나타났다. 성병의 종류로는 요도염 및 요도 증후군이 가장 많았고, 단순 헤르페 감염이 뒤를 이었다. 이와 같은 사실은 노인들이 부부간의 성관계가 아니라 외부에서 비밀스럽게 접촉했음을 알려준다. 또한 노인들이 나이와 상관없이 성적 욕구를 지니고 있음을 알려주는 자료이기도 하다.

이로 인해 사회적으로 인정받지 못한 노인들의 성 욕구를 채워줄 '박카스 아줌마'가 등장했다. 서울 종묘공원에는 점심시간이 되면 깔끔하게 차려입은 50~60대 아줌마들이 하나둘씩 나타나 남성 노인들에게 성매매를 한다고 한다. 노인들의 성매매 또한 실정법상 명백한 불법이지만 단속의 손길은 거의 미치지 못하고 있다.

음지로 숨어든 노인의 성적 욕구는 서울만의 문제가 아니다. 지방에서는 티켓 다방의 종업원이 대상이 되고, 심지어 지적 장애를 지닌 동네 여성이나 미성년자를 대상으로 한 강간 사건까지 발생하고 있다. 사정이 이렇다 보니 실제로 노인들의 성병, 에이즈 발병률과 노인들의 성범죄가 최근 들어 급속히 늘고 있는 추세이다.

법무 연수원이 펴낸 『범죄백서』를 보면 전체 강간 범죄자 중 61세 이상 노인 가해자가 차지하는 비율은 해마다 상승하는 추세를 보이고 있다. 특히 국가청소년위원회에서 청소년 대상 성범죄자의 신상을 공개한 결과, 6,136명 중 338명이 60대 이상으로 드러나 5%가 넘는 비율을 보인다.

성매매로 검거되는 노인들도 점점 늘어나고 있다. 경찰청이 국회 보건복지위원회에 제출한 '성매매 검거자 연령별 단속 현황'에 따르면 성매매 도중에 검거된 60세 이상 노인은 2003년 407명에서 2006년 515명으로 증가하였다. 특히 71세 이상 노인의 경우 같은 기간에 69.4%나 증가해 나이가 들수록 성매매가 늘어난 것을 알 수 있다.

이러한 노인의 성범죄는 나이가 들수록 그 집착이 강해지기 때문이다. 젊은 사람들은 성적인 욕구를 해결할 수 있는 방법이 다양하기 때문에 범죄로 발전할 확률이 적지만 나이가 들면 해소할 수 있는 기회가 적기 때문에 성범죄로 연결되는 것이다.

몇 년 전 전남 보성에서 벌어진 살인사건의 범인은 70세 노인이었다. 키 165cm도 안 되는 작은 체격의 평범한 어부였던 노인이 불과 한 달도 안 되는 사이에 두 차례에 걸쳐 네 명의 젊은 목숨을 해쳤다. 노인은 여대생을 배에 태워 바다로 나간 뒤 성추행을 시도하다가 저항하자 바다에 빠뜨려 죽인 것이다. 노인이 젊은 여성을 성추행하다가 살해했다는 점에서 이 사건은 우리 사회에 큰 충격을 던졌다. 뿐만 아니라 71세 노인이 열두 살짜리 중국 동포 소녀를 입양한 뒤로부터 2년 넘게 성폭행을 해온 사건도 있었다. 노인은 소녀가 임신을 두려워하면서 완강히 거부하자 각서까지 써주고 성폭행을 계속할 만큼 악질적이었다. 부산에서는 시아버지가 며느리를 13년간 성폭행해 온 패륜적 사건도 있었다. 더 큰 문제는 할아버지가 손녀를 성추행하는 경우이다. 혼자 집에 있는 할아버지들에게 손녀를 맡겨두었을 때 순간적으로 판단력을 잃은 노인이 손녀에게 성추행이나 성폭력을 가하는 경우가 종종 발생한다. 이와 같이 심각한 노인의 강간 사건은 점점 빈번해지고 있으나 가정이 붕괴되는 문제 때문에 거론되지 못한 채 묵인되는 경우가 많다.

노인의 성, 이대로 둘 수 없다

노인의 성문제와 성범죄는 근본적으로 우리 사회의 급속한 고령화로 인한 것이지만 실은 무지로부터 시작되는 경우가 많다. 이는 노인의 성매매 증가나 각종 성병과 에이즈 감염자의 증가로 알 수 있다.

문제는 노인들이 성병이나 에이즈 등의 문제에 당면했을 때 상담이나 치료받을 곳이 없다는 것이다. 더욱이 노인의 성병에 대한 사회의 부정적인 시선 때문에 병원을 찾지 않는 경우도 많다. 그러다 보니 자신의 병을 더욱 키우게 되고 이러한 현상은 노인들의 자살을 부추기기도 한다. 그렇게 보자면 노인들의 성범죄는 성적 욕구의 문제라기보다는 정신적인 소외감과 상실감 때문일 수 있다.

한편 노인 성범죄자에게는 고령이라는 이유로 낮은 처벌이 내려지는 경우가 많다. 하지만 이것은 노인 성문제가 사회적으로 큰 문제가 아닌 것처럼 비추어질 수 있다. 더욱이 노인 성범죄자 중에는 늙어서 힘이 없다며 결백을 주장하거나 동정을 구하는 사례가 많다고 한다.

노인들이 이러한 성범죄에 노출되지 않기 위해서는 노인들을 대상으로 성에 대한 올바른 인식을 갖게 하는 것이 중요하다. 즉 노인 성문제를 해결하기 위해서는 노인들이 성을 현실적으로 인식할 수 있도록 돕는 프로그램, 성적인 욕구를 해결해 줄 수 있는 방안, 노인을 위한 전문 상담소 설치 등의 장치가 필요하다. 우리나라의 많은 지자체에서는 노인들을 대상으로 한 성교육 프로그램이 실시되고 있다. 일부 지자체에서 시행하고 있는 성교육 프로그램을 보면 다음과 같다.

노인 성교육 프로그램

시간	1일차	2일차
09:00~10:00	접수 및 등록	노인 성상담 사례와 실제
10:00~11:00	고령화시대의 노인 성 문화	
11:00~12:00		
12:00~13:00		점심식사
13:00~14:00	점심식사	노인 성의식과 성적 욕구 해결방법
14:00~15:00	의학적인 면에서 본 노인의 성	
15:10~16:00		분임토의 (노인 성문제 및 성범죄 해결 방안)
16:00~17:00	비디오 시청(노인의 성, 정년은 없다)	

노인 성문제나 성범죄를 줄이기 위해 노후의 자연스러운 이성 교제, 노혼 등의 기회를 제공할 수 있는 모임을 마련하는 것도 바람직하다. 최근에는 노인들이 친목을 위한 인터넷상의 '실버 카페' 활동이 증가하고 있다. 뿐만 아니라 이성과의 만남을 목적으로 콜라텍, 효도 미팅, 하루 커플여행, 커플 취미교실, 노인복지관, 외모 가꾸기 등 새로운 노인 문화가 형성되고 있다.

노인의 성욕구에 대한 현실적 해결책

일본의 프리랜서 작가인 가와이 가오리는 『섹스 자원봉사』라는 책을 통해 섹스도 자원봉사가 필요하다고 하여 논란을 일으켰다. 저자는 장애인의 자위행위 비디오를 본 뒤 충격을 받아 직접 장애인들을 만나 그들의 성생활을 취재했다. 2년 넘게 일본과 네덜란드의 실정을 취재한 내용을 책으로 발표하여 일본에 섹스 자원봉사의 개념을 알리고, 대상자와 봉사자를 연결해 주는 기관에 대해서도 소개하였다. 네덜란드에서는 스스로 성욕을 해결할 수 없는 장애인을 위해 유료로 섹스 파트너를 보내주는 제도가 있다. 비록 우리나라는 아니지만 장애인의 성에 대한 관심과 자원봉사 분야에 섹스를 포함하고 있다는 사실은 우리에게도 적지 않은 충격이었다.

언젠가 「섹스 볼란티어」라는 영화가 개봉되어 화제가 된 적이 있다. 이 영화는 여대생이 장애인에게 자원봉사 차원으로 성관계를 하다가 성매매 혐의로 경찰에 잡혀 조사받는 과정의 이야기를 그리고 있다. 이제 우리 사회에서도 장애인의 성에 대한 관심이 높아지고 있는 것은 확실하다. 그러나 정작 당사자인 노인들을 위한 배려가 없다는 점이 아쉽다.

한국 사회는 오랫동안 노인의 성적 욕구를 인정하지 않았다. 그러나 무조건 노인의 성적 욕구를 무시하거나 억제시키는 것보다는 건전하게 해소할 수 있는 분위기가 형성돼야 한다. 그런 측면에서 노인 스스로 성적 욕구를 해결할 수 있는 방법으로 '자위'를 추천할 수 있다.

사람들이 가장 궁금해 하는 비뇨기과 지식 중의 하나가 자위행위라고 한다. 그것은 자위행위가 신체적·정신적 건강에 나쁜 영향을 미칠 것이라는 잘못된 인식을 가지고 있기 때문이다. 자위를 하게 되면 정신적인 의존성의 초래, 전립선 질환의 발생, 정액 생성 장애, 생식기의 염증 질환 발생 등 부정적인 걱정이 먼저 떠오른다는 것이다.

그러나 일상생활에 지장을 줄 정도로 몰두하지 않는 선에서 자위행위는 신체적·정신적으로 유익한 면이 더 많다. 최근 의학 학술지에는 자위행위가 건강에 나쁜 영향을 미치지 않으며, 오히려 남성의 생식에 좋다는 연구 결과가 발표된 바 있다. 즉, 항생제 치료에 듣지 않는 만성 전립선염 환자 34명을 대상으로 6개월간 1주일에 두 번씩 자위행위를 하게 하고 증상을 다시 살핀 결과, 11%는 완전히 증상이 없어졌으며, 33%는 확연히 호전을 보였고, 33%는 약간의 호전을 보여 전체적으로 78%의 환자가 치료되었다.

자위는 더 이상 꺼려할 필요 없는 건강한 성 행위이다. 특히 노인의 경우 파트너가 없을 때 권고할 만한 방법이다. 자위를 돕는 기구를 이용하는 것도 좋은데, 아직은 성인용품 기구가 익숙하지 않은 노인들이 많기 때문에 자위도구를 구입하는 방법, 활용하는 방법들에 대한 교육이 필요하다. 요즘에는 성교육 강사가 강의 과정을 통해 이러한 방법을 가르쳐주기도 한다. 성인용품 매장에 방문하여 직접 구매하기 부담스럽다면 인터넷 성인용품 사이트를 이용하여 성능이나 사용법, 사용 후기 등을 읽어보고 고르는 것이 좋다.

성인마트(http://morning.ok.to)

커플토이(www.coupletoy.net)

러브토끼(www.lovetoky.net

라이브19 (www.live19.biz)

러브센스 (www.lovesence.kr)

러브펀 (www.lovefun.kr)

코자자 (www.cozaza.co.kr)

보라2030 (bora2030.com)

에로매니아 (www.eromania.kr)

제5장

100세 수명 시대에 예상되는 문제들

최근 우리 사회는 급격히 고령화되고 있다. 따라서 노인 인구가 늘어나는 만큼 노인 문제의 발생 빈도가 높아지고 있다. 노인 문제란 노인에 관련된 사회적 문제로서, 노인 계층이 불편 또는 불안감을 느끼는 상황을 일컫는다. 또한 노인들이 개선되기를 원하는 어떤 문제이기도 할 것이다.

이때의 노인 문제는 다수의 노인들이 당면한 공통적인 상황으로서 개인이나 가족의 노력으로 해결되기 어려우며, 이러한 상황을 해결하지 않고 방치하면 더 큰 사회 문제로 확장될 가능성이 있다. 노인 문제의 중요성을 인식하고 생산적인 대책을 마련한다면 노년의 안정된 삶과 사회적 이익을 창출할 수 있을 것이다.

풍요로운 삶을 보장하는 연금 재테크

65세의 K씨는 55세에 퇴직을 하였다. 그는 대기업의 고액연봉자였지만 자녀들_{아들과 딸}의 대학원까지 교육시키느라 월급을 거의 교육비에 투자하였다. 그러나 K씨는 노후생활의 기본은 돈과 건강이라 판단, 국민연금만은 밀리지 않고 납입하였다.

퇴직 직후 그는 집과 퇴직금으로 노후자금을 활용하기로 결심하였다. 퇴직금 3억 원은 전액 연금에 가입하고, 시세가 6억 정도 되는 30평대의 아파트는 60세가 되는 해에 주택연금에 가입한 것이다. 60세부터 수령되는 국민연금은 최저생계비 정도밖에는 안 되기 때문에 국민연금에만 의존해서는 풍족한 삶을 누릴 수 없다는 판단의 결과였다. 퇴직할 때 받은 3억 원으로 가입한 연금은 목돈을 맡겨두고 매달 일정한 금액을 연금으로 받아가는 방식의 즉시연금으로, 월 150만 원 정도의 이자를 지급받고 있다. 이 금융상품은 공시이율에 따라 운용되기 때문에 비교적 안정적인 분배금을 받을 수 있는 장점이 있다.

즉시연금은 가입자가 죽을 때까지 연금을 지급하는 '종신형', 원금과 이자를 정해진 기간 동안 나누어 받는 '확정형', 매달 이자만 지급하다가 만기가 되었을 때 원금을 돌려주는 '상속형'이 있다. K씨는 3억 원을 종신형 즉시연금으로 맡기면 월 150만 원 정도가 매달 지급되어 생활이 안정될 수 있었지만 자신이 죽으면 소멸되기 때문에 배우자를 위해서 상속형으로 가입했다. 가입할 때 보험의 대상이 되는 피보험자를 자녀나 배우자로 정해두고 '종신형' 지급방식을 선택하면 본인이 먼저 사망해도 배우자가 살아 있는 동안 연금을 받을 수 있어서 문제될 일이 없다.

주택연금은 집을 가진 사람이 주택자금을 연금화해서 매달 일정액을 받는 것으로, 부부가 모두 사망한 후에 집을 처분하되 팔고 남은 차액은 자녀들에게 돌려주도록 되어 있다. K씨가 매달 지급받는 주택연금은 173만 원 정도였다. 그리하여 K씨는 매달 총 370만 원 정도의 연금을 수령하고 있다. 그 중에서 150만 원 정도를 생활비로 사용하고 있고, 150만 원은 문화나 취미활동, 여행을 다니는 데 활용하고 있으며, 70만 원은 의료비나 애경사와 같이 특별한 일이 생길 경우를 대비해서 저축을 들고 있다.

암 사망률이 증가한다

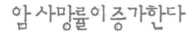

한국인의 사망자와 사망 원인을 10년 단위로 분석한 통계청 자료를 보면 놀라운 사실을 확인할 수 있다. 1990년부터 20년 동안 가장 높은 사망 원인이 '암'이라는 사실이다. 이러한 통계자료를 토대로 2030년의 사망 원인을 전망해 볼 때 여전히 암 사망률은 1위

사망 순위 변화 추이

순위	1990	2000	2010	2030
	71. 3세	74.3세	80.2세	90세 이상
1	암	암	암	암
2	뇌혈관 질환	뇌혈관 질환	심장 질환	심장 질환
3	심장 질환	심장 질환	뇌혈관 질환	폐렴
4	운수사고	당뇨병	자살	자살
5	간 질환	간 질환	간 질환	뇌혈관 질환
6	폐렴	자살	폐렴	간 질환
7	자살	폐렴	당뇨병	당뇨병

를 고수할 것으로 보인다.

뿐만 아니라 수명 증가에 따라 심장 및 뇌혈관 질환으로 인한 사망률도 증가하고 있음을 알 수 있다. 그러나 사망 연령은 예전보다 5~10년 정도 높아져 있다. 주목할 것은 점차 자살률이 점점 높아진다는 것이다. 이처럼 수명 연장과 함께 질병적인 요소들은 치료 가능성이 높아지는 반면 자살은 이러한 변화에 역행하고 있다는 사실은 그만큼 노년의 인생이 행복하지 않다는 것을 의미한다.

앞으로도 한동안은 암이라는 질병을 정복하기가 쉽지 않을 것이다. 현재 한국인의 평균 암 발생률은 남자의 경우 3명 중 1명, 여자는 4명 중 1명의 비율이라고 한다. 암의 종류는 위암, 폐암, 대장암, 간암, 갑상선암, 유방암, 자궁암 순이라고 한다. 남성은 위암과 폐암이 많고, 여성은 갑상선암, 유방암, 위암의 순으로 밝혀졌다. 젊은 사람보다는 50대 이후에 발생 확률이 높아, 나이가 많을수록 발생률은 높은 것으로 조사되었다.

암의 발병 원인은 아직도 정확하게 규명되지 않았다. 정상적인 세포가 왜 암세포로 변하는지, 또 암세포가 왜 끊임없이 분열·성장하는지에 대한 의문도 풀리지 않았다. 그러나 지속적으로 발암 요인과 암 발생 간의 인과관계에 근거한 위험요인들을 연구한 바 대략적인 암 발생 요인을 추정하게 되었다. 세계보건기구의 산하 기구인 국제암연구소(IARC) 및 미국 국립암협회지에서 밝힌 내용을 보면 다음과 같다.

암의 원인

원 인	국제암연구소	미국 국립암협회지
흡연	15 ~ 30%	30%
만성 감염	10 ~ 25%	10%
음식	30%	35%
직업	5%	4%
유전	5%	-
생식요인 및 호르몬	5%	7%
음주	3%	3%
환경오염	3%	2%
방사선	3%	3%

　표를 보면 암의 가장 큰 원인은 음식이며, 다음으로는 흡연과 만성 간염, 생식요인 및 호르몬도 중요한 영향을 주는 것으로 나타났다. 이로써 암을 예방하려면 평상시 바람직한 식습관을 지키고 흡연을 하지 않는 것이 가장 중요하다는 결론을 얻을 수 있다.

　암 사망률이 높다고 해서 암에 걸린 사람들이 모두 죽는 것은 아니다. 즉 암을 조기에 발견하기만 하면 치료와 수술로 완쾌될 수 있다. 따라서 언제든 자신이 암에 걸릴 수 있다는 사실을 염두에 두고 정기적으로 종합검진을 받아야 한다.

암을 치료하는 방법은 크게 수술요법, 항암화학요법, 방사선치료로 구분되며, 이외에 국소치료법, 호르몬요법, 광역학치료법, 레이저치료법 등이 있다. 최근에는 면역요법, 유전자요법까지 포함시키기도 한다. 일부에서는 대체요법으로 효과를 거둔 사람들도 있는데 이는 아직 임상적으로 증명된 상태가 아니므로 주의해야 한다.

고독사가 많아진다

연로한 독거노인들은 만성 질환을 지니고 있는 경우가 많아 갑자기 사망할 가능성이 높다. 문제는 혼자서 외로이 죽음을 맞이하게 된다는 것이다.

노인이 홀로 외롭게 죽음을 맞이하는 경우를 흔히 고독사라고 말하는데, 이미 급속한 고령화를 겪은 일본에서는 고독사가 많이 발생하고 있다. 우리나라에서도 혼자 살던 노인이 죽은 지 몇 달 뒤에 발견되는 사건들이 빈번해지고 있다. 가끔 언론을 통해 이러한 사실이 알려지기는 하지만 세상에 알려지지 않는 경우가 훨씬 더 많다.

고독사의 원인은 사회적인 무관심과 핵가족화, 도시화 등으로 인한 사회 안전망 장치의 부재라고 할 수 있다. 우리나라는 최근 독거노인이 급증하면서 농어촌 지방뿐만 아니라 대도시에서 고독사하는 노인들의 수가 늘어나고 있다. 2010년부터 65세 이상의 독거노인이 100만 명을 넘었으며, 2012년이 되면 1인 가구 노인은 111만 1,000여 명으로 집계되고 있다.

이제 독거노인의 문제를 남의 일로만 미뤄서는 안 된다. 평균수명이 연장되었다는 것은 지금 젊은 세대도 미래에 독거노인이 될 가능성이 높다는 것을 의미하기 때문에 그 누구도 예외를 장담할 수는 없다.

고독사한 노인들은 연락을 주고받는 가족이 거의 없을 뿐만 아니라 이웃들과도 교류하지 않기 때문에 응급상황에 처했을 때 긴급조치를 받기 어렵다. 앞으로 핵가족이 일상화되고 부모를 찾지 않는 자녀들이 많아질수록 고독사는 더욱 증가할 것으로 보인다.

일본에서는 사망한 지 몇 달 만에 시체로 발견되는 경우가 많아 골머리를 앓고 있다. 사람들은 고독사가 발생한 집에 세들어 살기를 꺼려하거나 임대료를 낮춰줄 것을 요구하게 되고, 건물주로서는 이러한 손실 비용을 유족 측에 청구하는 문제가 발생하기도 한다. 그러자 고독사를 막기 위해 쓰레기나 가스, 수도 사용량 확인을 통해 독거노인들의 안부를 확인하는 서비스업마저 생겨나고 있는 실정이다. 또한 고독사한 노인의 유품을 정리하는 회사도 성업 중이다. 이제 머지않아 우리나라에서도 유품관리사가 유망 직업으로 정착할 것으로 보인다. 최근 일본에서는 대안적 방식으로 콜렉티브 하우스(공동체 주택)가 생겨나고 있다.

독거노인들의 고독사를 줄이기 위해서는 스스로 자신의 안전을 지킬 수 있도록 일상생활이나 건강관리에 필요한 교육을 제공해야 한다. 또한 주기적인 건강 검진과 영양 및 운동, 그리고 상담 서비스 등을 통해 건강이나 안전 등의 문제가 발생하기 전에 미리 예방하도록 해야 한다. 그리고 독거노인이 위험에 처했을 때 빨리 발견하고 조치를 취해줄 수 있는 이웃 주민들과의 연계망이 필요하다.

우리나라의 경우 다행스럽게도 정부는 2007년 6월부터 정기적인 방문과 안부 전화 등을 통해 독거노인의 안전 유무를 확인하는 노인 돌봄 서비스를 실시하고 있다. 2009년 현재 5,194명의 독거노인 생활관리사를 파견해 11만 9,570명의 홀로 사는 노인을 보살피고 있다. 그러나 서비스 제공 인력이 턱없이 부족하여 생활관리사 1명이 평균 22명의 노인을 담당하는 형편이다. 결국 안전을 확인하는 활동만으로는 독거노인들의 안전을 담보하기는 어렵다.

일부 지자체에서는 고독사를 해결하기 위해서 독거노인들에게 요구르트를 지속적으로 배달하는 방식을 채택하고 있다. 이것은 요구르트 배달을 통해 노인의 생존 여부를 확인할 수 있는 방법이다.

이외에도 서초구에서 시행하는 독거노인 원격보호 시스템에 대해서 주목해볼 만하다. 서초구에서는 2007년부터 독거노인들의 위급상황을 실시간으로 체크해 주는 시스템을 국내 최초로 실시하고 있다. 이것은 독거노인의 건강이나 위급상황 등을 24시간 실시간으로 파악해 구청 CCTV 종합 상황센터에 통보하는 방식이다. 이 시스템은 독거노인 거소의 여러 동선에 설치된 첨단 센서들이 노인의 움직임과 온도·습도·유독 가스·화재 등을 감지, 비상 상황이 발생하면 구청의 상황 모니터링에 접수돼 즉시 적절한 조치를 취할 수 있도록 하는 방식이다. 동시에 비상출동 대기 상태의 소방서와 경찰서에도 실시간 자동 통보된다.

서초구청처럼 언제나 어디서나 자유롭게 통신망에 접근할 수 있는 유비쿼터스 기술을 활용해 병원에 직접 가지 않고도 온라인으로 건강을 체크할 수 있는 원격의료 서비스를 유 헬스케어U-Healthcare라고 한다. 유 헬스케어는 앞으로 기술의 발달에 따라 점차 다양화되고 있으며 시장 규모도 확대되고 있다. 더욱이 현재 노인 10명 중 8명이 휴대폰을 가지고 있는 상황이고, 점차 스마트폰으로 바뀌어가는 상황에서 유 헬스케어는 더욱 진화할 것으로 예측할 수 있다. 예를 들어 자신의 몸에 부착한 센서를 통해 생체 정보뇌파, 심전도, 호흡수, 체온, 맥박 수, 혈압, 산소 포화도, 혈당, 근전도 등를 수집하고, 이 정보를 스마트폰으로 전송하여 관리 주치의나 환자 및 환자의 가족들이 실시간으로 확인할 수 있는 서비스가 진행되고 있다.

이러한 방식은 진료에 따른 소요비용진료비, 교통비 등이 감소되고 사회로부터 소외된 노약자들을 잘 관리할 수 있는 방편이 될 것으로 예상된다.

노인 자살률이 증가한다

고독사와 함께 늘어나는 것이 노인 자살률이다. 우리나라는 이미 OECD 국가들 중에서 자살률이 가장 높은 나라라는 오명을 가지고 있다. 문제는 노인 자살이 전체 자살의 25% 이상을 차지하고 있으며, 해가 지날수록 늘고 있다는 것이다. 실제로 지난 10년 사이에 노인 자살이 3배나 늘었고 65세 이상 자살률이 65세 미만 자살률보다 4배나 많은 것으로 나타났다.

2009년 통계청의 자료를 보면, 노인 자살의 가장 큰 이유는 질환·장애가 40.8%였고, 그 다음으로는 경제적 어려움, 외로움과 가정불화, 이성과 직장 문제의 순으로 나타났다. 늙어서 병들어 고생하는 것과 경제적인 어려움이 전체 70%를 차지한다는 사실을 확인할 수 있다.

남성 노인의 경우 주로 늙어가는 과정의 우울증, 자녀와 외부와의 단절로 인한 고독, 배우자 상실로 인한 생활의 어려움 등 정서적인 이유로 자살하는 사람이 가장 많았다. 여성 노인의 경우는 자녀들이 부양의 책임을 다하지 않거나 학대받고 방임되는 과정에서 주로 발생되고 있다.

앞으로 수명이 연장될수록 더 오래 살기 때문에 질환과 장애 등의 건강 문제는 자살률을 더 높일 것이다. 뿐만 아니라 경제적 어려움이나 자녀나 배우자들과의 결별도 계속 증가하고 있기 때문에 노인 자살의 증가는 당연한 결과가 될 것이다.

따라서 노인 자살률을 줄이려면 노후에 나타나는 질환과 장애를 대비하기 위한 건강관리가 절대적이며, 경제적인 어려움에 대한 뒷받침이 필요하다. 물론 노인 질환과 장애는 의료기술이 발달되고 있기 때문에 의료비 지원을 늘리면 어느 정도는 해결할 수 있다. 그러나 노인 질환과 장애는 만성 질환으로 발전할 가능성이 크고 노후자금의 가장 많은 지출을 차지한다는 것이 문제이다. 결국 노후를 불안하게 하는 의료비 문제가 해결된다면 자살률의 70%를 줄일 수 있다는 결론이 나온다.

이에 대해서는 좀 더 건강할 때 노인 질환과 장애를 보장받을 수 있는 보장성 보험을 준비해야 한다. 그리고 경제적으로 풍족한 삶을 위해서는 국민연금이나 개인연금을 기본으로 하고 주택, 주식, 채권, 예·적금 등을 계획적으로 관리해야 한다.

노인 자살률의 또 다른 원인인 외로움과 가정불화에 대한 대책도 강구되어야 한다. 그러기 위해서는 먼저 본인 스스로 자녀들에게 의지하려는 마음을 버리는 노력이 필요하다. 자녀들이 독립하거나 출가하고 나면 자기만의 인생을 즐기려는 의지로 새로운 취미를 만들거나 친구들을 사귀는 것이 좋다. 친구들이 많을수록 외부활동을 할 수 있는 시간이 많아지므로 외로움도 줄어들고 가정 불화의 요인도 현저하게 줄어들 것이다.

현대판 고려장이 늘고 있다

고령화 사회의 또 다른 문제는 노인 학대이다. 다시 말해 현대판 '고려장'이라 할 만한 사건이 빈번해지면서 노인 학대는 심각한 사회문제가 되고 있다.

2008년 7월, 노인 장기요양 보험이 실시되어 정부가 요양원에 입원한 노인들에게 건강보험료의 80%를 제공하자 노인 부양비용에 대한 부담이 크게 줄었다. 그러자 돈벌이를 위한 노인 요양시설들이 우후죽순처럼 늘어났다. 2008년 1,300개였던 요양원이 2010년 현재 3,311개로 크게 증가한 것이다. 그러다 보니 요양원에서는 돈벌이의 대상인 노인들을 입소시키기 위한 경쟁이 치열해져 불법적이고 야만적인 행태가 속출했다.

KBS 시사 프로그램에서 이러한 세태를 보도한 바 있는데, 일부 요양원에서는 입소 자격이 안 되는 노인들의 서류를 위조하여 입원시키고 있었다. 더 큰 문제는 치매 환자의 손과 발을 침대에 묶어 마치 짐승처럼 다루고 있었고, 환자를 줄곧 누워 있게 하여 몸에 욕창이 생기는 일이 비일비재하였다. 제공되는 음식도 부실하였고 간호나 관리가 전혀 되지 않아 건강하던 노인들이 병에 걸리기까지 하였다. 심지어 자식들마저 병세가 위독해진 부모를 방치하고 있었다. 노인 요양원의 탐욕과 부모를 모시지 않으려는 자식들의 이기심이 맞아떨어진 결과였다. 노인 요양원에 부모를 맡긴 5% 가량의 가족들은 발걸음을 아예 끊어버리는 것으로 나타났다. 이로 인해 노인 요양원은 현대판 고려장을 만들어낸 꼴이 되었다.

노인 요양원에 부모를 의탁하는 경우 외에도 현대판 고려장의 행태는 다양하다. 예를 들어 해외로 이민을 간 자식들이 부모를 모시겠다며 초청한 경우에서 확인할 수 있다. 노부부는 전 재산을 정리한 뒤 자식을 믿고 출국했는데 자식들은 부모의 비자가 만료되는 시점에서 종적을 감춰버리는 것이다. 결국 낯선 타국에 버려진 노부부는 불법체류자 신세가 되고 만다. 뿐만 아니라 외국 여행이나 국내 여행을 가서는 부모를 버리고 오는 경우도 종종 신문 기사에 등장하고 있다. 재산 분쟁 등의 이유로 정신이 멀쩡한 부모를 정신병자로 몰아 정신병원에 감금해 버리는 경우도 있다.

경제적인 이유로 부모에 대한 부양을 방기하거나 학대하는 사건도 늘고 있다. 실제로 어느 통계자료를 보면 노부모에게 욕을 하거나 협박을 하는 언어·정서적 학대가 가장 많았으며, 신체적 학대나 돌보지 않고 방치하는 방식의 학대도 적지 않은 것으로 집계됐다.

중앙노인보호전문기관에 따르면 전국 20개 기관에 접수된 학대 신고 건수는 지난 2006년 3,996건에서 2007년 4,730건, 2008년 5,254건에 달했다. 노인 학대 발생 빈도도 1주일에 한 번 이상이 전체 2,640건 중 877건(32.8%)으로 가장 높았고 매일 학대를 받는다는 노인도 762명(28.5%)나 됐다. 여기서 그치지 않고 부모 존속살해와 같은 범죄가 늘어나고 있다는 사실은 큰 사회적 문제일 것이다.

학대행위자는 대개 아들, 며느리, 딸의 순이었으나 최근에는 배우자에 의한 학대가 늘어나고 있는 것으로 조사됐다. 이는 노인부부 단독세대가 많아지면서 부양을 책임진 배우자가 주된 가해자인 것으로 분석됐다.

노인 학대는 가정 내에서 이루어지는 일이고 통상 자식들에 의해 이루어지기 때문에 부모 입장에서 다른 사람에게 도움을 청하기가 쉽지 않다. 폭행을 당해도 '내가 자식을 잘못 가르친 죄'라면서 견디려 하기 때문에 사건화되지 않는다. 이런 경우 주변의 관심과 신고가 필요하다.

사회변화에 적응하지 못한다

노년기에는 대부분 오랫동안 지속해 왔던 사회적 역할을 상실하게 된다. 그로 인해 생활환경은 크게 변화되고 새로운 환경에 적응하지 못해 혼란을 겪거나 욕구 불만에 빠지는 문제가 발생하기 쉽다. 뿐만 아니라 경제 능력이 저하되어 열등감에 빠지거나, 심신의 기능이 쇠퇴하여 의존성이 높아지기도 한다. 이처럼 노년기는 개인적으로나 사회적으로 적응에 많은 문제를 겪게 되기 때문에 가정과 사회의 배려가 필요하다.

노년기는 청년기와 마찬가지로 지극히 주관성이 강해지는 시기이다. 청년기의 주관성은 주로 경험 부족에서 초래되지만 노년기의 주관성은 오히려 경험의 축적으로부터 생겨난다. 즉 과거의 경험을 내세우는 경향이 강하게 나타나는데, 이러한 노년기의 심리는 새로운 사회 변화에 적응하기보다는 과거에 집착하게 만든다.

뿐만 아니라 빠르게 변화하는 시대적 흐름에 따르지 못하는 애로사항을 안겨준다. 오늘날 과학 기술과 IT 산업의 발달로 인해 각종 전자기기들이 개발되지만 그것을 활용하지 못하는 노인들은 자연히 정보화 사회로부터 소외되고 있다. 휴대폰과 컴퓨터만 해도 이제는 예전과는 비교할 수 없을 정도로 진보하여 인터넷 세대인 손자녀들과 소통이 어려운 지경이다.

정보통신부와 한국인터넷진흥원이 실시한 "2007년 상반기 정보화 실태조사" 결과에 따르면, 50대는 45.6%가 인터넷을 이용하는 반면 60대 이상은 17.4%밖에 안 되는 것으로 나타났다. 인터넷을 사용하는 주된 이유는 빠른 정보가 필요해서(36.2%), 원하는 정보를 바로 찾을 수 있어서(32.1%), 시대에 뒤떨어지지 않기 위해서(10.2%)의 순이었다. 주로 사용하는 인터넷 용도로는 인터넷 뱅킹(24.2%)과 어학/교육 콘텐츠 서비스(24%), 인터넷 쇼핑(21.7%) 등으로 나타났다.

결과를 종합해 보면 60대 이상의 인구는 80% 이상이 인터넷을 사용하지 않고 있음을 알 수 있다. 물론 노인들 중에도 컴퓨터의 문서 편집 능력을 활용하여 자료를 작성하고 보존할 줄 아는 계층은 있다. 또한 인터넷 활용도 능숙하여 자신의 블로그나 카페를 운영하고 동호회를 조직하거나, 심지어는 인터넷을 활용하여 새로운 일자리를 창출한 분들도 있다. 그러나 이런 계층은 소수에 불과하다.

과거에 컴퓨터가 출현했을 때 컴퓨터를 사용할 줄 모르는 컴맹이 존재했고 인터넷 시대에 넷맹이 존재했다면, 요즘에는 스마트폰이 공급되면서 '스마트폰맹'이 생겨나고 있다. 스마트폰의 등장은 수많은 용도의 어플리케이션을 통해 세상을 예측할 수 없을 정도로 빠르게 변화시키고 있다. 최근에는 스마트 패드나 스마트 TV 등이 등장하여 젊은 세대들은 시대의 흐름에 뒤쳐지지 않기 위해 사용방법을 익히는 데 많은 시간을 할애하고 있다. 자동차도 하이브리드나 전기자동차의 개발로 첨단화되고 있어 기존에 운전자들도 새로운 조작법을 배우지 않으면 사용하기가 곤란해지게 되었다.

이러한 IT 환경의 발달은 노인들을 점점 더 고립시키고 있다. 새로운 정보에 뒤떨어져 세대가 다른 사람들과 소통하지 못하게 되고 문명의 혜택으로부터 격리될 수밖에 없는 것이다. 실제로 노인들 중에는 스마트폰을 제대로 사용할 줄 아는 사람이 거의 없다.

IT 기기들이 출현할 때마다 사회로부터 점점 더 소외되는 노인들로서는 새로운 문명이 불편할 수밖에 없다. 그러나 다행스럽게도 노인들에게 컴퓨터나 인터넷을 가르치는 복지관이나 교육기관이 많이 생겼다. 이러한 기회를 더 확장하여 스마트 폰, 스마트 패드, 스마트 TV 등의 사용법까지 지도하여 변화하는 세상을 즐길수 있도록 해야 할 것이다. 물론 노인 인구의 증가에 따라 노인들이 편리하게 사용할 수 있는 IT기기들이 출시될 것이다. 문제는 쉬운 IT 기기가 나온다고 해도 기본 사용법을 배우지 않으면 안 된다는 것이다. 이에 대한 교육 시스템이 절실한 시점이다.

부양료 청구소송이 증가한다

부양료 청구 소송이란 생활 능력이 없는 노부모가 자식에게 부양의 의무를 이행할 것을 법원에 제기하는 소송이다. 서울가정법원에 따르면 이 청구 소송은 매년 증가하여 100건 이상 진행되고 있는 것으로 나타났다.

부모와 자식 간에 양육과 부양은 천륜이라 할 수 있다. 그러나 요즘은 부모가 자식들에게 부양을 법적으로 요구해야 하는 안타까운 현실에 처해 있다. 그렇다면 부양료 청구 소송이 늘어나는 이유는 무엇일까? 여러 이유가 있겠지만 우선 부모들이 자식 양육에 지나치게 올인하여 자신의 노후를 제대로 대비하지 못한 것 또는 자식은 반드시 부모를 모셔야 한다는 전통이 사라진 것도 한 이유일 것이다.

실제로 판결 사례를 보면 두 아들을 키운 A씨(75세)는 노령연금과 장애수당 11만 8000원으로 월세 10만 원짜리 쪽방에서 하루하루 힘겹게 보내고 있다. 홀몸으로 한복 바느질을 하며 애지중지

키워온 두 아들로부터 소외된 그는 자신의 열악한 현실을 극복하기 위해 자식을 상대로 부양료 청구 소송을 내게 되었다.

A씨는 집과 의상실을 처분해 방송국에 취직한 큰아들에게 아파트를 구입해 줬고 며느리에겐 사업자금을 보태주기도 했다. 그러나 며느리의 외도로 인해 가정불화가 발생하자 무관심과 폭력을 피해 A씨는 집을 나올 수밖에 없었다. 그후 A씨는 작은아들에게 명의를 빌려주고 손자까지 키워줬으나 작은아들 역시 천륜을 끊어버렸다. A씨는 결국 3년간 연락을 끊은 큰아들을 상대로 부양료 청구 소송을 냈다. 법원은 큰아들에게 어머니가 사망할 때까지 매월 40만 원을 지급하라고 판결했다.

기초생활 수급대상인 B씨(76세)는 육군 중령으로 넉넉한 생활을 하고 있는 아들에게 부양료를 요구해 왔지만 아들은 1년에 두세 번 5만 원을 보내준 게 전부였다. 아무 재산도 없이 고령으로 일자리조차 구하기 어려웠던 B씨는 법원에 아들을 상대로 부양료 청구 소송을 신청했다. 법원의 조정 결정으로 아들은 아버지가 사망할 때까지 월 20만 원씩 지급하라고 판결했다.

부모 봉양을 당연시하는 노인 세대들과 달리 핵가족주의에 익숙한 자녀 세대들은 이 문제를 개인의 책임으로 생각하지 않는 경향이 있다. 이로 인해 부모들이 부양료 청구 소송을 제기하는 현상은 더욱 증가할 것으로 예측된다.

연금이 고갈된다

60세에 은퇴한 사람이 85세까지 생존한다고 가정할 때, 한 달 생활비를 평균 200만 원으로 예상하면 전체 노후자금은 6억 원 정도로 계산된다. 그러나 월 생활비가 300만 원이라면 노후 생활비는 9억 원으로 껑충 뛴다. 평균수명 100세 시대를 넘보는 지금 80세에 맞춰 노후를 준비해 온 사람들에게는 걱정이 아닐 수 없다. 더욱이 노년에는 본인과 배우자 또는 자녀를 포함하여 예상에 없었던 지출이 생길 수 있기 때문에 여유자금도 필요하다.

미래에셋 연구소에서 조사한 결과를 보면, 노후자금 2억으로 월 200만 원씩 지출한다면 8.8년을 사용할 수 있으며, 100만 원씩 지출하면 18.9년을 사용할 수 있다고 한다. 5억의 노후 자금으로 월 200만 원씩 지출한다면 24.6년을 사용할 수 있으며, 100만 원씩 지출한다면 62.9년 사용할 수 있다고 하였다. 그러나 이것은 순수 생활비만을 계산한 것이기 때문에 의료비나 문화비까지 포함한다면 2배 정도는 더 필요한 실정이다.

이처럼 많은 노후자금을 한꺼번에 마련하기는 쉽지 않으므로 미리 저축을 시작할 수밖에 없는데, 요즘에는 노후연금에 관심이 몰리고 있다. 연금 제도는 여러 사회보장 체계 중에서 가장 핵심적인 소득 보장으로서, 그 중에서도 장기소득 보장을 부여하는 사회보험의 일종이다. 흔히 '연금은 저축의 일종' 또는 '저축으로서의 연금'이라 표현하는 것은 연금의 경제적 성격을 저축의 한 형태로 본 것이다.

대한상공회의소가 직장인을 대상으로 한 노후연금 준비 실태조사에 따르면, 대부분의 직장인은 노후 걱정을 하지만 실제로 노후연금을 준비하는 사람은 10명 중 3명에 불과한 것으로 나타났다. 그리고 개인연금 가입자 중에서도 중도에 해지하는 경우가 많아 국민연금밖에는 탈 것이 없는 사람도 많다.

우리나라 공적 연금제도에는 일반 국민을 대상으로 하고 있는 국민연금 외에 공무원연금(1960), 군인연금(1963), 사립학교 교직원 연금(1975) 등이 있다. 국민연금(1988)은 이보다 늦게 도입되었으며 농어민(1995), 자영업자(1999) 등 전 국민을 대상으로 하고 있다.

보험료율은 보수 월액의 17%_{공무원 8.5%＋국가 8.5%, 과세 소득 대비 개인 부담률은 5.525%}이며 퇴직 직전 3년간의 평균소득을 기준으로 연금액을 산정하게 된다. 반면 국민연금의 보험료율은 9%_{사업장 가입자의 경우 4.5%를 근로자가 부담}이고 전 생애 평균소득의 평균치를 기준으로 기본 연금액을 산정하고 있다. 퇴직금 등 다른 조건을 제외했을 경우에는 대체로 공무원연금이 국민연금보다 연금 보험료를 더 많이 납부하고 더 많은 금액을 지급받는 구조로 되어 있다.

이러한 문제를 해결하기 위하여 연금제도가 변화되었다. 즉 가입 시기에 따라 다르게 책정하는 것이다. 그리하여 국민연금 제도 초기에 가입한 베이비부머들은 대략 100만 원대의 노령연금을 타게 돼 있고, 최근에 새로 가입하는 경우에는 최고 소득 등급45등급으로 30년간 납입할 때 88만 원을 수령하게 된다.

또한 가입 연령에 따라 수급하는 시점이 다르다. 1953년 이전에 출생한 사람은 만 60세부터 수령할 수 있지만, 점차 늘어나 1969년생 이후에 태어난 사람은 만 65세부터 수령이 가능하다.

현재 국민연금은 내는 돈에 비해 지급되는 돈이 많은 형편으로 기금 고갈이 예정되어 있다. 이미 막대한 군인연금은 국민의 세금으로 충당하고 있으며, 공무원연금도 고갈 시점이 얼마 남지 않았다. 국민연금도 현재의 추세로 가면 2060년에 고갈된다는 재정 전망이 나와 있다. 그런데 평균수명이 연장됨에 따라 국민연금은 정부 예측 시점(2060년)보다 10~20년 정도 앞당겨질 수도 있다.

따라서 자금 여유가 있다면 문제가 되지 않지만 노후 준비가 충분하지 못한 경우에는 퇴직자금이나 퇴직연금에 의존해야 한다. 기본적인 생활을 유지하려면 적어도 월 300만 원 정도는 되어야 하므로 연금으로 받을 수 있는 금융상품을 한 개 이상 준비해야 한다. 노후자금이 부족하다면 주택 모기지론에 가입할 준비를 해야 한다. 이제 안정적인 노후 생활을 누리기 위해서는 자녀들에게 미리 상속하기보다는 자신의 노후자금이나 주택을 마련해 두어야 한다.

제6장

노인문제, 이것이 해법이다

어느 과학자가 장수 마을에 찾아가 105세 어르신에게 물었다.
"어르신 장수비결이 뭡니까?" "안 죽으니깐 오래 살지!"
"올해 연세가 어떻게 되세요?" "다섯 살밖에 안 먹었어."
"네? 무슨 말씀이신지." "100살은 무거워서 집에다 두고 다녀."
"어르신, 지금까지 살면서 사람들에게 욕도 먹고 오해도 받았을 텐데 화나지 않으세요?
우리 같으면 스트레스 받아서 벌써 죽었을 겁니다."
"그거야 쉽지. 욕을 하든 말든 내버려두었더니 욕하다가 먼저 죽었어.
날 욕하던 놈들은 세상에 한 놈도 안 남았어."
한낱 유머에 불과하지만 우리에게 장수에 대한 교훈을 남겨준다.
장수의 비결은 따로 있는 게 아니라 마음을 비우고 낙천적으로 세상을 사는 마음이다.

KFC를 일군 흰 양복의 노신사

성공의 기회는 연령과 성별을 구별하지 않는다. 그런데 나이 든 사람들은 흔히 '이 나이에 무슨 기회가 있겠나' 하는 생각에 무기력해지곤 한다. 그럴 땐 노익장을 과시한 역사 속 인물을 살펴보자. 중국의 강태공은 오랜 기간 낚시로 소일하며 다가올 기회를 준비하다가 70의 나이에 재상이 되었다. 김대중 대통령도 수많은 고난과 역경을 딛고 72세의 늦은 나이에 대통령이 되었다.

나이에 상관없이 성공한 대표적인 사람으로 커넬 샌더스가 있다. 그는 KFC라는 치킨 패스트푸드 사업의 창업자로, 세계 어느 나라에서든 매장 입구에서 그를 만날 수 있다. 기분 좋은 웃음으로 서 있는 백발의 노년신사가 바로 커넬 샌더스인 것이다. 그는 어려서부터 역경을 겪었지만 좌절하지 않고 기회를 기다리다 66세의 나이에 성공을 거머쥐게 되었다.

커넬 샌더스는 6세에 아버지를 잃고 어머니마저 재혼을 하여 매우 가난하였다. 초등학교를 중퇴하고 10세 때부터 생활 전선에 나선 그는 동생들을 위해 늘 음식을 요리했다. 고생 끝에 주유소를 마련한 뒤에는 창고를 개조하여 닭튀김 요리를 파는 간이식당을 열었다. 식당이 번창하자 닭튀김으로 세계를 공략하겠다는 비전으로 음식점에만 몰입했다. 사업은 승승장구하였으나 갑작이 경영이 악화되어 식당은 경매로 넘어가고 66세에 알거지가 되었다.

그러나 샌더스는 좌절하지 않고 KFC 프랜차이즈를 고안해 냈다. 그는 체인점 홍보를 위해 흰색 캐딜락에 압력밥솥과 튀김 재료를 가지고 다니면서 전국의 음식점을 찾아다녔다. 그는 단순히 요리법만 전수하는 것에 그치지 않고, 며칠씩 그 마을에 머물면서 자신이 직접 튀긴 닭을 손님들에게 파는 열정을 보였다. 드디어 음식점 주인들이 하나 둘 그와 계약을 맺기 시작했고, 결국 70세에 200개가 넘는 체인점을 확보하는 데 성공했다.

그는 '죽는 날까지 열심히 일한다'라는 새로운 비전을 세우고 죽을 때까지 일했다. 그는 자신의 경영능력에 한계를 느껴 회사를 다른 사람에게 팔고 난 뒤에도 그 회사에 남아 월급을 받으며 자문과 홍보 역할을 맡았다. 결국 그는 90세까지 KFC를 세계적인 패스트푸드 체인점으로 번성시켜 자신의 비전을 실현하였다.

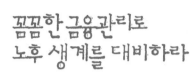

꼼꼼한 금융관리로
노후 생계를 대비하라

세계적인 자산관리 회사인 피델리티 그룹이 8개국의 은퇴 준비상
황을 조사하여 2008년에 『은퇴백서』라는 책을 발간했다. 이 책의
조사 결과에 따르면 우리나라 직장인들의 은퇴 준비가 다른 선진
국들에 비해 크게 뒤떨어지는 것으로 나타났다. 우리나라 직장인
들이 60세에 은퇴할 경우 예상 연소득은 평균 1,600만 원 으로, 은
퇴 직전 연평균 소득인 4,000만 원의 41% 수준이다. 독일이나 미
국, 영국, 캐나다 등 선진국의 경우 은퇴 후의 연소득이 은퇴 직전
소득의 50% 이상인 데 비하면 현저히 낮은 소득이다. 그만큼 우
리나라 직장인들의 미래 은퇴 후 생활에 비상등이 켜진 것이다.

한국의 베이비부머는 한국전쟁 이후 1955~1963년에 출산율이
급증하면서 태어난 세대를 말한다. 현재 전체 인구 중에서 14.6%
를 차지하는 이들은 전쟁 이후의 경제적 정치적 역동기에 성장한
세대로서, 자신과 같은 힘겨운 과정을 자식이 겪지 않도록 하기

위해 자녀 교육에 치중한 세대이다. 즉 베이비부머 세대는 자신의 미래보다는 자녀의 미래에 거는 기대가 높았기 때문에 자신의 노년을 거의 준비하지 못했다. 문제는 이런 베이비부머 세대들의 은퇴 시기가 다가오면서 혼란을 겪게 되었다는 사실이다.

은퇴란 한마디로 월급날이 되어도 내 통장에 돈(급여)이 들어오지 않는 것을 말한다. 실제로 은퇴한 사람들을 만나보면 한결같이 경제적으로 어렵거나 풍족하지 않다고 말한다. 미래에 대한 준비를 제대로 하지 못한 이들에게 은퇴란 수입의 단절이다. 따라서 국민연금을 조기 노령연금으로 신청하는 사람들이 증가하고 있다. 조기 노령연금이란 60세 이후에 받게 되어 있는 국민연금을 55~59세에 미리 받는 것으로, 55세에는 정상 연금의 70%, 50세에는 76%, 57세는 82%, 58세는 88%, 59세는 94%를 평생 받게 된다. 단, 근로소득이나 사업소득이 월 278만 원을 넘지 않아야 신청할 수 있다.

수명이 80세라고 가정할 때 조기 노령연금으로 55세부터 받게 된다면 총 수령액에서 12.5%를 손해 보게 되며, 85세를 기준으로 한다면 16%를 손해 보게 된다. 따라서 국민연금은 60세부터 받는 것이 가장 현명한 방법이다. 만약 55세 이후에 퇴직한다면 연금을 수령하는 60세가 되기 전까지 5년간 생활할 수 있는 자금을 확보해 두는 것이 좋다.

대개 은퇴자들은 늘 금전에 관한 심리적 위축감을 안고 살아간다. 이전의 지출방식을 버리고 절약해야 한다는 사실이 마음을 불안하게 하기 때문이다. 또 돈이 얼마 남지 않은 상태에서 노후를 어떻게 살아가야 할지 막막하기도 하다.

노후자금이 준비되지 않은 상태에서 은퇴하게 되면 '있는 재산'을 까먹는 도리밖에 없다. 매달 500만 원을 지출해야 하는 사람의 경우, 물가상승률 3% 예금 금리 5%를 투자 수익률로 볼 때 은퇴후 20년 동안 약 10억 원이 필요하다. 한 달 생활비가 250만 원이라고 하면 5억 원이 필요하다. 따라서 은퇴하기 전에 노후 생활에 대비한 재무 설계를 해야 하며, 그 실천은 빠를수록 좋다.

주식, 펀드, 적금 마련하기

노후생활을 위해서 금융상품을 골고루 분산 투자하는 것도 생각해볼 일이다. 금융상품으로는 적금, 예금, 펀드, 보험, 주식 등이 있다. 주식은 장기 투자를 할 생각으로 시작해야 하며, 원금을 잃을 수 있다는 사실을 명심해야 한다. 주식 투자가 수익을 많이 낼 수도 있지만 큰 손해를 받을 수도 있기 때문이다. 투자한 주식이 손해를 입었을 때 견딜 수 있는 마음의 각오가 없다면 그 스트레스로 인해 건강까지 잃을 수 있다. 그런 면에서 펀드도 마찬가지라고 할 수 있다.

적금은 일정 기간을 계약하고 정기적 또는 비정기적으로 금액을 불입하여 계약기간이 만료되었을 때 이자와 함께 일괄적으로 돌려받는 방식이다. 적금은 되도록 세금 우대를 받으면서 이율이 높은 것을 하나쯤 해놓는 것이 좋다.

금융상품 해지하기

지속적인 수입이 없는 노년기에 기존의 금융상품들을 전부 유지하기보다는 전략적으로 금융상품을 줄여야 한다. 그 우선 순위는 적금→예금→펀드→보험 순으로 해지하는 게 좋다.

일반적으로 보험부터 해약하는 경우가 많은데, 보험은 중간에 해약하면 원금도 제대로 받지 못하는 경우가 많다. 더욱이 보장성 보험은 반드시 필요하기 때문에 되도록 유지하는 것이 좋다. 은퇴 후 초반부엔 지출이 많고 연령이 높아질수록 줄어들 거라 생각하지만 나이가 들수록 의료비의 증가로 인해 지출은 더욱 늘어날 수 있다. 갑자기 많은 의료비의 지출은 가정의 재무 상태를 급격하게 위축시키기 때문에 필수 보장성 보험은 유지해야 한다.

주택을 담보로 대출 받기

노후 준비금을 준비하지 못했다면 주택을 담보로 대출받는 것도 자금 융통의 한 방법이다. 주택연금역모기지론은 주택을 담보로 금융

기관에서 일정 기간 동안 일정 금액을 연금식으로 지급받는 장기 주택저당 대출을 말한다. 즉 주택은 있으나 특별한 소득원이 없는 경우, 고령자가 주택을 담보로 사망할 때까지 자택에 거주하면서 노후 생활자금을 연금 형태로 지급받는 것이다. 당사자가 사망하면 금융 기관이 주택을 처분하여 그동안의 대출금과 이자를 상환받는다.

요즘에는 자식들한테 집을 물려줘야 한다는 의식이 점점 사라지면서 이러한 주택 담보 대출을 받는 사람이 늘고 있다. 더욱이 집값이 계속 떨어지는 마당에 집을 팔아 돈을 마련하기보다는 평생 연금을 받아쓰는 게 나을 수 있다.

지출 줄이기

평상시의 지출을 줄이기란 고통스럽지만 어려운 일은 아니다. 우선 생계 수단이 아니라면 자동차는 처분하는 것이 좋다. 자동차 한 대를 줄이면 유류비, 보험료, 각종 세금을 포함해 자동차 1대당 연간 최소 400만 원 정도를 절약할 수 있기 때문이다. 이외에도 외식비는 물론 경조사비도 줄이고, 저녁모임도 되도록 피한다. 자존심 상하거나 남의 시선이 신경 쓰이기는 하겠지만 더 중요한 일은 빚을 지지 않는 것이다.

교육비 줄이기

요즘 30~50대의 한국인은 자녀에게 소비되는 사교육비 부담에 부모님을 부양해야 하는 책임까지 짊어지고 있기 때문에 정작 자신의 노후를 대비할 여력이 없다. 결국 자녀들을 대학까지 교육시키고 출가시키고 난 뒤에는 노후자금이 턱없이 부족하게 마련이다. 그래서 요즘에는 "자녀 교육에 올인하면 노후생활이 없다"는 말이 회자된다. 대학에 다니는 자녀가 있다면 대학 등록금을 어떻게 마련할지 스스로 계획을 세우도록 하는 것이 좋다. 예를 들면 아르바이트를 하거나 학자금 대출을 받도록 설득해야 한다.

부동산 줄이고 현금자산 늘리기

현금 없이 좋은 집에 사는 것은 생활비를 낭비하는 결과를 초래할 뿐이다. 따라서 부동산 비중을 줄이고 현금 자산의 비중을 늘려야 한다. 우리나라는 개인자산 중 부동산 비중이 77%인데, 미국은 33%, 일본은 39% 수준이다. 앞으로 인구가 감소할 것을 생각할 때 주택가격이 하락한다는 점을 명심해야 한다.

기본 연금 3개 마련하기

여유 있는 경제생활을 위해서는 국민연금은 필수이고, 퇴직연금과 개인연금도 함께 준비해 두어야 한다. 노후생활에 들어가는 세금, 식비, 주거비, 난방비, 관리비 등을 계산하고, 여기에 여가 비용과 건강 비용을 충당할 수 있도록 다른 연금을 준비해야 한다.

진짜 재테크는 건강관리다

노후생활의 가장 큰 변수는 병에 걸리는 것이다. 암이나 큰 질병에 걸리면 단시간에 많은 비용이 들어가므로 타격이 크다. 이러한 의료비용을 줄이기 위해서는 항상 건강을 관리해야 한다. 특히 의심되는 유전적 질환이 있다면 미리 그 병에 대한 질병보험을 들어두는 것이 좋다.

여가활동으로 새로운 삶을 찾아라

'여가leisure'의 어원은 자유free dom와 허락permit을 나타내는 라틴어 'licere'에서 기인하였다. 요즘 통용되는 의미는 'to be free자유로운 것'로서, 개개인이 관심 있는 분야를 자유롭게 즐길 수 있는 상태를 뜻한다. 그러나 여가란 단순한 취미활동이라기보다는 자유로운 활동을 통해 자아를 실현하는 의미가 담겨 있다.

한국보건사회연구원의 통계에 따르면, 65세 이상 노인들은 주말이나 휴일의 가장 많은 시간을 TV시청에 할애한다고 한다. 대다수 노인이 근로활동을 하지 않는다고 가정하면, 소중한 여생을 텔레비전 시청에 허비하고 있는 셈이다. 그 다음으로 수면, 가사일, 사교, 가족과 함께 지내는 순이었다. 여행, 스포츠, 봉사활동 등으로 여가를 즐긴다는 응답자는 극소수였다.

복지부의 조사에 따르면 노후에 바라는 여가활동은, 근로활동(33.1%)에 이어 취미활동(37.0%)이 꼽히고 있다. 그러나 노인들이 가장 많은 시간을 보내는 곳은 경로당이나 노인복지관이었다.

한국 노인들이 주로 어떤 여가활동을 즐기는지 구체적으로 살펴보면, 텔레비전 시청, 친구·친척 모임, 종교활동, 신문이나 책 읽기, 장기·바둑·화투 등이다. 반면 운동, 등산 등의 체육활동이나 영화, 연극, 운동경기 관람 등의 문화 활동은 저조한 것으로 나타나고 있다.

노인들의 건강한 여가 생활을 위해서는 무엇보다 취미생활의 사각지대에 있는 노인들을 위한 프로그램이 활성화되어야 한다. 말하자면 노인들의 사회심리적인 욕구를 만족시키고 자신감을 충족할 수 있는 다양한 여가활동 프로그램으로써 노인 문제를 완화시켜야 한다.

노인들의 여가활동은 단순히 노동이나 직장 활동으로부터의 휴식에 그쳐서는 안 된다. 심신 건강의 유지, 재미와 보람, 그리고 사회적 접촉을 통한 생산적인 활동으로까지 연결되어야 한다.

현재 우리나라 노인들이 이용할 수 있는 여가 시설로는 경로당, 사회복지관이나 노인복지관, 노인 휴양시설 등이다. 기타 종교단체나 사회단체 또는 노인단체에서 실시하는 여가 프로그램도 있고, 노인 소비자를 대상으로 기업에서 제공하는 관광, 오락, 운동 프로그램 등이 있다.

경로당

경로당은 지역마다 노인들이 가장 쉽게 접근할 수 있는 여가활동

장소이다. 노인들을 위한 사랑방 개념으로 시작된 경로당은 점점 더 그 숫자가 증가하여 현재 전국적으로 5만 개소가 있다. 그러나 대부분의 경로당은 시설공간이 협소하고 열악한 편이어서 화장실이 없거나 가건물 건축이거나 운영자금이 부족하여 지역 노인들의 여가 욕구를 채워주지 못하고 있다. 경로당 프로그램을 활성화하기 위해서는 지역 읍·면·동 사무소, 보건소 및 보건지소, 그리고 지역 복지관 등이 연합하여 경로당을 이용하는 노인들에게 필요한 여가와 교육 서비스를 제공해야 할 것이다.

노인학교(노인대학)

노인학교는 주로 노인 단체, 종교기관, 또는 일반 사회단체에서 설립·운영하고 있다. 노인학교에서는 다양한 학습활동을 통하여 폭넓은 지식을 취하고, 취미를 살려 여가를 즐겁게 보내고, 교우관계를 넓히고, 정치·경제·사회·문화의 변화에 대한 이해 및 적응, 사회에 기여하는 생산적인 활동, 배우자와 본인의 죽음에 대한 준비를 돕는다.

노인학교는 현재 전국적으로 2,000여 개가 개설되어 있으나 그 시설, 장소, 교육 내용, 학습 시간, 강사, 자원 조달 등이 설립기관에 의해서 결정되고 운영되기 때문에 정확한 숫자나 실태 파악이 어렵다. 또한 노인들이 노인학교 프로그램에 참여하려면 회비, 교

통비, 점심값 등 약간의 경비가 들기 때문에 저소득층 노인들에게는 재정적인 부담을 주고 있다

노인복지회관/노인종합복지관

노인복지회관이나 노인종합복지관에서는 지역사회 노인들에게 필요한 여가 프로그램을 포함한 제반 서비스를 무료 또는 저렴한 요금으로 제공하고 있다. 현재 전국에 200개소의 노인복지(회)관이 있으며, 재가 노인을 위한 가정봉사원 파견 사업 또는 주간보호사업을 시행하고 있다. 뿐만 아니라 노인 취업교육 및 알선사업, 노인교육·운동·오락 프로그램, 노인을 위한 자원봉사 프로그램, 노후생활에 관련된 다목적 프로그램을 개발하여 지역 노인들에게 종합적인 서비스를 제공하고 있다.

이외에도 전국 360여 개의 사회복지관에서도 재가 노인복지사업의 일환으로 여가활동 및 자원봉사 프로그램을 실시하고 있다.

노인 휴양시설

노인 휴양시설은 1989년 개정된 노인복지법에 의하여 새로 규정된 노인 여가시설이다. 노인의 심신 휴양을 위한 여가시설, 위생시설, 기타 편의시설 등을 제공하며 이용료를 받을 수 있다.

자원봉사 활동으로 사회에 참여하라

노인 문제를 해결하는 방법 중에서 가장 효율적인 것은 자원봉사를 통해 노인들의 경륜을 사회에 재투자하는 것이다. 자원봉사는 노인의 적극적 사회 참여를 이끌어낼 수 있어 노인들의 무기력한 삶에 활력을 줄 수 있으며, 이로 인해 노인 인적 자원의 활용을 극대화할 수 있다. 물론 자원봉사에 임하는 노인들에게는 다양한 형태의 보상이 주어진다. 보람이나 경험 등의 정신적 보상도 있고, 교통비나 식사비와 활동비 등의 금전적 보상이 있을 수 있다.

　법적으로는 노인복지법 제23조_{노인 사회참여 지원}를 보면 "국가 또는 지방자치단체는 노인의 사회참여 확대를 위하여 노인의 지역봉사 활동 기회를 넓히고 노인에게 적합한 직종의 개발과 그 보급을 위한 시책을 강구하며 근로능력 있는 노인에게 일할 기회를 우선적으로 제공하도록 노력하여야 한다."고 되어 있으며, 또한 "국가 또는 지방자치단체는 노인의 지역봉사활동 및 취업의 활성화를 기하기 위하여 노인 지역봉사기관, 노인 취업알선기관 등 노인 복지

관계기관에 대하여 필요한 지원을 할 수 있다."고 되어 있다.

이에 따라 지방자치 단체별로 지역에 맞는 자원봉사 프로그램이 개발되어 자원봉사자를 양성하고 활용하는 일이 추진 중이다. 자원봉사가 개인적 측면에서 중요한 이유를 보면 다음과 같다.

: 자원봉사자 자신의 개인적 능력을 활용하게 되어 생활의 의의나 보람을 느끼게 된다.

: 자원봉사자의 여가를 건전하게 이용하여 개인의 발전을 도모할 수 있다.

: 자원봉사자 간의 교류를 통하여 정보를 교환하고 사회의식을 고취하여 자신의 문제를 해결하는 데 도움이 된다.

: 사회문제 해결에 참여하여 전문적 지식을 증가시킬 수 있다.

: 자원봉사자 간 연대의식을 이루어 지역사회의 소속감과 국민의식을 고취한다.

: 사회문제에 접근하고 치료하면서 사회나 국가에 대해 긍정적 견해를 갖게 된다.

: 사회 복지시설·단체·지역 사회 등 기존의 사회복지 체계의 변화에 중추적 역할을 할 수 있다.

노인 자원봉사를 활성화하기 위해서는 일상적이고 주변적인 단순 노력 봉사활동이 아닌, 노인 개인의 전문지식과 능력을 활용할 수 있는 분야를 개발하는 것이 시급하다. 뿐만 아니라 노인 스스로 자원봉사 단체를 결성하고 프로그램을 개발할 수 있도록 능력을 배양해야 한다.

지역별로 이루어지고 있는 노인 자원봉사 프로그램을 살펴보면, 지역봉사 지도원 위촉, 각종 복지서비스 수혜 제외자들을 지원하는 프로그램, 민간 분야의 각종 기금으로 운영되는 프로그램이 있다.

노인들이 자원봉사에 지원하려면 지역 자원봉사 센터, 노인복지관, 사회 복지시설 등에 등록한 뒤 그 기관에서 시행하는 자원봉사 프로그램에 참여하면 된다. 또는 지역의 경로당, 사회복지관이나 노인복지관, 기타 노인 단체나 자원봉사 단체의 프로그램에 참여할 수 있다.

그러나 자원봉사 활동에 대한 보호나 보상제도가 제대로 마련되어 있지 않아서 아직은 노인들의 자원봉사 참여가 저조한 편이다. 따라서 노인 자원봉사에 대한 국가의 행정적, 재정적, 법적 지원이 제정되어야 하고, 이에 따른 재원 확보, 자원봉사자의 상해 보험, 건강 검진, 봉사은행제 등의 실천이 뒷받침되어야 한다.

웰다잉을 위한 교육을 받자

사람들은 평소 가깝게 지내던 사람이 죽으면 '나도 어느 날 갑자기 세상을 떠날 수 있다'는 자각과 함께 불안감에 사로잡히게 마련이다. 하물며 노인의 경우 친구가 죽었다는 소식을 듣게 되면 죽음이 코앞에 닥친 것 같은 두려움에 시달리게 된다.

최근 자신의 생을 아름답게 마감하는 방법에 대한 관심이 뜨겁다. 그러나 우리나라는 정서적으로 성과 죽음에 대한 이야기를 터놓고 이야기하기 어렵다. 특히 죽음이라는 슬픈 미래에 대해 표현하는 것 자체가 터부시되었기 때문에 죽는 문제에 대해 진지하게 토론하거나 학습할 기회를 가질 수 없었다. 그러나 수명이 연장되고 죽음을 대비하는 사람들이 늘어감에 따라 '웰다잉Well-Dying'에 대한 교육의 필요성이 부각되고 있다.

의학계에서는 1980년대부터 질병의 극복 못지않게 죽음에 대한 적응을 중요하게 여겨 호스피스 활동이 시작되었다. 많은 나라에서 노인의 안락사를 수용하기 시작했고, 프랑스 등 유럽에서는 이제 삶의 권리뿐 아니라 죽음에 대한 권리도 인권의 한 부분으로 인정하고 있다. 이와 관련하여 1980년대 국내에서도 죽음학을 연구하는 학회가 결성되고 몇몇 대학에서 강의가 개설되기도 하였다.

이제 죽음은 인류 역사상 언제나 그래왔던 것처럼 대중적으로 친숙한, 매우 실용적이고 현실적인 삶의 조건으로 떠오르고 있다. 따라서 자신의 죽음을 아름답게 맞이할 수 있는 마음의 연습이 필요하다.

죽음에 대한 준비란 어떻게 삶을 마무리할 것인가를 결정하는 것이 아니라, 앞으로의 삶을 계획하고 실천할 수 있는 방법을 깨우치는 과정으로 받아들여지고 있다. 또한 죽음에 대한 불안과 공포를 극복할 수 있도록 돕고, 아름답고 존엄한 죽음을 위한 사색의 기회를 제공하고, 자살이나 잘못된 죽음을 막는 데 기여한다. 나아가 삶의 우선순위를 확인하고 현재의 삶을 소중하게 인식하는 계기를 마련할 수 있다.

죽음에 대한 준비 교육은 대개 자신의 장례절차에 대한 결정, 유언이나 사전 의료 지시서, 장기기증 여부, 호스피스 관련 사항, 영정사진 및 영상편지 촬영, 수의 마련, 자서전 쓰기로 구성된다.

사진 자서전을 만들기

자선전은 잊고 있던 기억들을 통해 자신의 존재 가치를 재발견하게 도와주고, 그로 인해 현재의 삶을 더 가치 있게 한다. 즉 자서전을 만드는 것은 과거와의 화해이자 불만과 부정적인 감정을 해소시켜 주는 통로이기도 하다. 자서전 만드는 방법을 소개하면 다음과 같다.

: 자서전의 주제를 설정한다. 예를 들면 살아온 삶 뒤돌아보기 또는 직업의 변화, 성공과 실패 등 자신에게 가장 중요한 주제를 찾는다.

: 갖고 있는 사진 중 자서전의 주제나 방향에 어울리는 사진을 인생 주기별로 선택하고 분류한다.

: 선택한 사진을 보면서 기억을 회상하여 자서전의 구성을 설계한다.

: 선택한 사진은 주제와 순서에 따라 정돈한 후 노트에 붙인다.

: 사진을 중심으로 주제를 붙이고 이야기를 적어 나간다.

: 자서전 맨 앞에 자신의 연대표를 넣거나 머리말을 쓰고, 후기나 소감을 적는다.

유언장 작성

갑작스런 죽음을 대비하여 자기결정권을 대신할 수 있는 문서, 유언장의 중요성이 부각되고 있다. 따라서 건강할 때 미리 유언장을 작성해 두는 것이 좋다. 유언장에는 사후 자신과 관련하여 유족이 분쟁하거나 갈등을 일으키지 않도록 유산 상속, 장례 절차, 시신

기증 등의 내용을 담는다. 반드시 자필로 써야 하며 컴퓨터나 대필, 고무인 등의 사용은 무효이며 날짜, 이름, 주소를 쓰고 도장을 찍어야 한다. 수정 시에도 반드시 도장을 찍어야 한다.

사전 의료 지지서 작성

사전 의료 지시서란 환자가 자신의 치료에 대해 결정할 수 없는 상황이 발생하기 전에 문서 형태로 자신의 의사를 밝혀두는 것이다. 예를 들어 본인이 의식불명의 상황을 맞았을 때 인공 연명 장치를 사용할 것인가의 여부, 항생제나 진통제와 같은 의약품의 사용 정도 등을 결정한다. 이러한 사전 의료 지지서는 환자의 상태를 고려해 가족과의 협의 하에 연명 장치를 제거해야 할 경우 법적인 보호를 받을 수 있다. 의료 사전 지시서도 유언장과 마찬가지로 반드시 증인의 성명 또는 공증을 받아야 효력이 발생한다.

노노老老 케어가 미래의 대안이다

전국 농촌을·면 지역에 홀로 사는 노인은 2005년 당시 36만 6,809명이었으며 2010년 현재 65세 이상 독거노인은 100만 명을 넘었다.

주변의 관심과 도움이 필요한 노인 문제에 대해 국가가 전적으로 책임지기는 어렵다. 이에 대해 정부나 지자체에서는 자발적인 노노老老 케어 시장에 기대를 걸고 있다.

노노 케어라는 것은 노인이 노인을 관리하고 도움을 주는 시스템을 말한다. 앞으로 노인 인구의 증가로 인해 이 같은 신개념의 관리 방식이 더욱 많이 필요할 것으로 예측된다. 이미 성공적으로 운영되고 있는 노노 케어의 현장을 보면 다음과 같다.

로푸키리

핀란드의 헬싱키 시내에는 58가구가 살 수 있는 7층짜리 노인 전용 아파트가 있다. 일명 '로푸키리Loppukiri, 마지막 전력질주'라 불리는 이 아파트에서 노인들은 공동생활을 하면서 식사·청소·빨래·건물

관리 등 생활에 필요한 모든 일을 스스로 협동해서 해결하고 있다. 이러한 로푸키리는 노인 복지 선진국인 핀란드에서도 최신 모델로 꼽힌다.

1990년대 이웃 나라인 소련이 몰락하자 핀란드 경제는 극심한 불황을 겪었고, 이로 인하여 노인 자살이 연달아 발생했다. 이 무렵 노인 10명이 시설에 들어가지 않는 대신 스스로 노인공동체를 만들기로 하고 시(市) 소유의 땅을 저렴한 값에 제공해 줄 것을 요청했다. 이에 시청에서는 선뜻 땅을 내줌으로써 로푸키리가 시작된 것이다.

노인들은 바로 주택조합을 설립해 호텔처럼 1층과 꼭대기층에 공용 공간을 넣고 2~6층에 58가구를 들였다. 주변 주택의 시가보다 저렴한 비용으로 입주한 노인들은 6개조로 나눠 매주 돌아가며 밥을 짓고 월~금요일 오후 5시 공동 식당에 모여 다 함께 저녁식사를 한다. 세탁실·관리실·사우나·체조실·회의실 청소 역시 공동으로 해결한다. 여가활동도 활발하여 합창단·요가클럽 등 15개 학습 동아리를 조직하고 전문적인 활동을 펼치고 있다.

특이한 것은 건강이 극도로 악화되지 않는 한 이 아파트 내의 이웃에 의지한다는 점이다. 이것은 질병이 있거나 나이가 많은 노인들을 젊은 노인들이 돌보는 노노 케어 시스템이 성공적으로 활용되고 있기 때문에 가능한 결과이다. 그 결과 로키푸리에 거주하는 노인들은 독거노인들보다 삶에 대한 만족도가 매우 높았으며, 이웃과 교류하는 공동체 시스템에 대해서도 만족도가 높았다.

후랏토 스테이션 드림

'드림하이츠'는 일본의 요코하마 외곽의 주택가에 있는 대규모 아파트 단지이다. 이 아파트에는 2,300세대의 입주자 중 25%가 노인이며, 노인 중 80%가 독거노인이다. 이 실버 단지에 사는 여성 노인 10여 명이 단지 상가에 있는 빈 약국을 개조해 '후랏토 스테이션 드림'이라는 음식점을 열었다. '후랏토'란 부담없이 들른다는 뜻으로, 40~50대 주부 자원봉사자들의 도움을 받아 만든 음식을 주민 누구에게나 저렴하게 판매하기 시작했다. 이러한 가게를 열게 된 것은 거동이 불편해서 밥을 굶거나 말할 상대가 없어서 우울증에 걸리는 노인 주민들을 위해서였다. 이후 후랏토는 점심식사를 하면서 외로움을 달랠 말벗이 필요한 이들에게 정情을 나누는 공간이 되었다.

후랏토는 식당 겸 사랑방 역할뿐 아니라 지역 주민들이 운영하는 각종 복지 서비스에 대한 정보를 제공하는 '연락 사무소'이기도 하다. 후랏토의 운영비는 월 350만 원 정도인데 주민들은 정부의 도움 없이 직접 벌어서 충당한다. 후랏토 공간을 미술 전시공간으로 빌려주고 받는 대관료2주에 4만 2000원, 전시 작품을 판매하고 받는 수수료판매가의 10% 등으로 해결하고 있다. 뿐만 아니라 주변 지역 주민들의 소소한 기부도 많아 운영상의 어려움이 없다. 이와 같이 후랏토 식당을 운영하여 만든 돈은 다시 노인들을 위한 비용으로 순환됨으로써 성공적인 노노 케어의 사례가 되었다. 또한 소문을 듣고 후랏토를 견학하러 외국에서 찾아오는 사람들이 생겼다.

수의제修宜齊

전북 김제시 황산면 진홍리에는 '수의제修宜齊'라는 경로당이 있다. 이곳은 김제시가 시도한 그룹홈 제도의 일환으로 경로당을 살림집으로 개조한 최초의 시설이다.

수의제의 목적은 농촌 지역에 홀로 사는 어르신들의 고독사를 막고 그들의 안전한 여생을 지키기 위한 것으로, 김제시에서 난방비와 운영비, 공과금 등을 지원한다. 이곳에서는 노인들이 다같이 모여 살되 건강한 노인들이 아픈 노인을 돌보도록 하고 있다. 동네 노인들에게는 사랑방 역할을 하며 혼자 사는 할머니들에게는 집의 역할을 한다. 노인들끼리 서로 챙겨주고 의지할 수 있어서 만족감이 높은 편이다.

김제시는 시행 5년 만에 수의제를 95곳으로 늘려 관내 1,000여명 노인들의 보금자리가 되고 있다. 그러나 남성 노인을 위한 그룹 홈은 아직 없다.

노노 케어 전문가

일부 지자체에서는 노노 케어 전문가를 양성해서 경로당의 할머니 할아버지들께 책 읽어주기, 이야기 들어주기, 독거노인의 안부 보살피기, 치매환자 가족의 일손 덜어주기 등 특별한 학문 없이도 전문가가 되어 일할 수 있는 서비스를 제공하기도 한다.

노인 일자리 창출하기

우리나라의 공무원은 60세에 정년퇴직하도록 되어 있다. 교육 공무원의 경우는 좀 더 길어서 교사는 62세, 교수는 65세에 은퇴를 하게 되어 있다. 일반 사기업의 경우는 정년이 정해져 있지 않지만 대개 60세 이전에 퇴직하는 편이다.

그렇다면 현대에서 정년과 평생직장의 관계는 어떠할까. 근대 사회에서 정년퇴직이란 평생직장을 의미하는 것이었다. 한번 취업하면 정년을 맞을 때까지 그 회사에서 근무하다가 노후를 맞이하기 때문이었다. 사실 10년 전까지만 해도 우리 사회의 평균수명은 65세 정도였기 때문에 60세까지 일할 수 있는 직장은 평생직장이라 할 수 있었다. 그러나 현재는 평균수명이 80세를 넘어섰으며 앞으로 10년 후면 90세를 넘을 것으로 예측하고 있다. 뿐만 아니라 가까운 미래에 장기를 교환할 수 있는 기술이 보편화된다면 인간의 수명은 100세를 넘어 150세까지 가능하다는 의학자들의 보고까지 있다. 이에 따라 오늘날 평생직장은커녕 노인 실업자가 대폭 늘어나고 있다. 실제로 조선일보가 전국 30대 이상의 남녀 513명을 조사한 결과를 보면 응답자의 40.6%가 "70세가 넘어도 일하고 싶다"고 대답했고, "80세가 넘어도 일하고 싶다"고 대답한 사람도 14.9%에 달했다. '65세 은퇴'에 대해서는 56.2%가 "은퇴할 나이로 적절치 않다"고 했다. 이들이 꼽은 적절한 은퇴 연령은 65~69세(36.1%), 71~75세(12.2%), 76~79세(2.6%) 순이었다. 다른 연구 결과를 보면 일하는 노인의 생활 만족도가 일하지 않는 노인보다 두 배나 높았다. 일하는 노인들은 생활비가 충분해도 일하러 나오고 싶다고 대답했다.

일하는 노인들이 밝힌 근로의 장점은 여러 가지이지만 그 중에서도 가장 중요한 것은 경제적 소득이었다. 또한 일하지 않는 노인보다 훨씬 건강하게 생활한다는 것, 사회에 대한 의존감을 탈피하여 자기존중감을 가질 수 있다는 점이다.

노인들은 힘써 일해 사회의 주체로 어엿하게 거듭나기를 희망하고 있다. 그래서 노인 당사자들이나 노인 관련 전문가들은 노인 문제들을 해결할 수 있는 가장 좋은 방책은 바로 일자리라고 강조하고 있다.

평생직장이라는 개념이 없는 미국에서는 일생동안 한 사람이 평균 7~8회 정도 직장을 옮기는 것으로 나타났다. 반면 우리나라는 한번 입사하게 되면 그 직장을 평생직장으로 생각하는 성향이 강하기 때문에 일생동안 직장을 평균 3~4회 정도만 바꾼다고 한다.

우리나라에서 취업 대상자에게 최고의 기업으로 알려진 S기업의 평균 근속률전 직원이 입사해서 퇴직할 때까지의 평균기간을 따져본 결과, 7.5년을 넘지 않는다는 통계가 나왔다. 이러한 평균 근속률은 고학력자가 저학력자보다 짧고, 사무직이 생산직보다 짧은 것으로 나타났다. 결국 많이 배운 사람이나 전문직에 종사한 사람일수록 한 회사에 오래 근무하지 않는다는 결론이다.

한편 재정경제부가 발간한 OECD 한국경제보고서에 따르면 우리나라 정규직 근로자들의 동일 직장 평균 근속연수는 5.7년 정도라고 한다. 이에 비하면 S기업의 근로자 평균 근속률이 높은 편이라 할 수 있지만, 국내 최고의 기업이라는 점을 감안하면 평생토록 한 직장에서만 근무하는 사람이 그만큼 적다는 것을 알 수 있다.

우리나라에서도 이제 서구 선진국처럼 수명 연장과 함께 평생직장의 개념이 사라지고 있기 때문에 점점 이직률이 늘어날 것으로 예측된다. 따라서 평생직장을 고집하기보다는 평생직업을 찾는 것이 바람직한 전망이다.

평생직업이란 한번 선택한 직업으로 평생 일할 수 있는 직업을 말한다. 즉 평생직장은 하나의 직장에서 근속하는 것을 말하며, 평생직업이란 한 가지 직업에 평생 종사하는 것을 말한다. 따라서 평생직업을 가지면 죽을 때까지 일할 수 있으므로 오히려 정년이 없는 평생직장을 갖는 것이다.

구직자들은 오래 다닐 수 있는 탄탄한 직장을 원하지만 그런 직장은 이 세상에 존재하지 않는다는 것을 깨달아야 한다. 앞으로는 이러한 평생직장을 대신하여 평생직업이 강조되는 시대에 살게 될 것이다. 정년과 상관없이 평생직업을 가지려면 관련 업무에 관한 자신만의 노하우나 지적 재산을 쌓아야 하므로 평생학습이 생활화되어야 한다. 그러므로 이제는 직업능력을 강화하기 위한 평생학습 및 직업능력 개발이 점점 더 요구되고 있다.

이미 퇴직을 한 경우 여러 직장을 다니더라도 노동 시장에 오래 머무는 것은 중요하다. 문제는 노인 일자리가 만만찮다는 것인데, 힘이 들더라도 자존심을 버려야 한다. 일본의 경우 10여 년의 긴 공황기를 지나 경제가 되살아나면서 은퇴한 고령자들에게 고문역 혹은 재취업의 기회가 확대되고 있다. 뿐만 아니라 공공장소, 여행지, 관광지에서 도우미나 문화해설사 등으로 일하는 노인들도 흔히 볼 수 있다.

우리나라에서도 간간히 종신 고용제를 선택하는 기업들이 생겨나고 있으며, 서울시에서는 노인 일자리 창출을 위해 노인들에게 적합한 일자리 10만 개를 만들어 노인 고용비율을 15%까지 높이고, 일자리 참여를 통해 저축한 금액만큼 더 나눠주는 '실버 희망통장'은 민간 후원으로 추진하기로 했다.

생계수단의 일자리든, 자기의 지식과 경험을 베푸는 자원봉사든, 일자리는 노인들에게 꼭 필요한 삶의 한 부분이다. 그러나 성공적으로 일자리를 창출하기 위해 먼저 선행되어야 할 것은 은퇴 전의 사회적 지위를 잊고 넓은 서비스 마인드로 재무장해야 한다는 것이다.

노인 일자리, 이곳을 활용하라

정부기관의 노인 일자리 관련 사업

우리 정부에서도 노인들의 일자리 창출을 위하여 다양한 사업을 진행하고 있다. 이러한 사업들은 고령사회를 대비하여 노인 문제를 사전에 예방하고, 노인의 사회 참여를 적극 확대함으로써 사회적 가치를 창출하려는 시도이다. 더불어 노후 건강 유지, 보충적 소득 지원 등의 사회적 비용을 절감하는 효과가 있다. 노인 일자리 사업을 위한 각 기관의 역할을 보면 다음과 같다.

정부 기관의 노인 일자리 관련 사업

기관명	주요 추진 사업
보건복지부 (노인지원팀)	• 노인 일자리 정책 결정 및 종합 계획 수립 • 노인 일자리 사업에 대한 법령 및 제도 운영 • 지자체 및 사업 수행기관의 노인 일자리 사업 지원(예산, 인력 등) • 대국민 홍보

기관명	주요 추진 사업
한국노인인력개발원	• 전국 노인 일자리 사업 추진 총괄 및 지원 • 지역의 노인 일자리 사업 수행 기관 간 연계 · 조정 • 노인 일자리 개발 · 보급 및 심사 · 평가 • 노인 일자리 관계자 교육 · 훈련 및 정책포럼 개최 • 노인 일자리 박람회 지원 및 실적 관리 • 노인 인력에 대한 수급 동향 분석 및 정책 개발 • 노인 인력 D/B 및 업무 지원 전산 시스템 구축 • 노인 일자리 사업에 관한 조사 · 연구
광역자치단체	• 시 · 도 노인 일자리 사업 추진 계획 수립 및 재정 지원 • 시 · 도 노인 일자리 사업 수행 전반에 관한 총괄 · 조정 • 시 · 도 노인 일자리 사업 홍보 추진 • 시 · 도 노인 일자리 박람회 개최 • 사업 수행 기관 전담 인력 교육
기초자치단체	• 시 · 군 · 구 노인 일자리 사업 추진 계획 수립 • 시 · 군 · 구 노인 일자리 사업 수행 전반에 관한 총괄 · 조정 • 사업 수행기관 선정 및 수행기관 사업 운영에 대한 관리 · 감독 • 노인 일자리 관련 사업 수행 기관에 대한 재정 · 행정 지원 • 노인 일자리 사업 지역 협의체 구성 · 운영 • 노인 일자리 사업 발대식 수행 • 참여자 통합 소양 교육 실시 지원(민간 수행 기관 연계) • 노인 일자리 박람회 개최 지원 등
사업수행기관	• 노인 일자리 사업 실행 계획 수립 · 시행 • 노인 일자리 사업 참여자 모집, 등록, 상담, 선발, 교육, 현장투입 등 일자리 관련제반 업무 수행 • 보수 지급, 근무 상황, 업무 확인 등 참여자 관리 • 정기 간담회 개최, 만족도 조사, 사업 자체 평가회 등 사업 관리 • 참여자 관리, 보수 내역 등에 대하여 각종 업무 지원 전산 시스템 활용

노인 일자리 유형

노인들이 취업할 수 있는 노인 일자리를 유형별로 보면 다음과 같다.

: 공익형 일자리

공익형 일자리는 환경, 행정, 시설관리 등 지방 자치단체에서 진행하는 고유 업무 중에서 적합한 일을 노인들에게 맡기는 것이다. 주로 지역사회 발전 및 개발에 공헌하는 업무로서 노인 일자리를 창출함과 동시에 행정비용의 절감 효과가 있다. 전문기술이 없거나 고연령 등으로 인해 사회에서 소외된 노인층에게 사회에 공헌할 기회를 제공함으로써 참여 노인의 자존감을 고취하는 효과가 있다.

구체적으로 거리환경 개선, 자연환경 보호, 교통질서 및 주차계도, 지역행정 조사, 지하철 이용질서 계도, 공공시설 관리, 사회 복지 시설_{생활시설에 한함}에 지원하는 일자리가 있다.

: 교육형 일자리

교육형 일자리는 특정 분야의 전문지식이나 경험을 소유하였거나 전문 교육을 받은 자가 교육기관 및 문화재 시설 등에서 일반인을 대상으로 강의 또는 해설을 하는 일이다. 이것은 특정 분야의 전문지식 및 경륜 등을 지닌 노인들이 자신의 능력을 사회에 기여할 수 있는 기회를 부여한다.

구체적으로 평생교육의 확대와 함께 1~3세대 강사1세대 노인이 3세대 청소년을 지도하는 강사, 노-노 교육 강사노인이 노인을 가르치는 강사, 문해 교육 강사한글을 모르는 사람을 대상으로 한글을 가르치는 강사, 학습도우미학생에게 공부 방법을 가르치는 강사, 취미활동 강사, 체육건강활동 강사를 양성하여 파견하거나 지역의 문화재, 숲·생태·늪·섬 등에 관한 지도를 통해 자연해설사로 활동하도록 한다.

: 복지형 일자리

복지형은 돌봄이나 상담 등 전문기술을 습득한 건강한 노인이 사회적 취약계층을 대상으로 필요한 사회 서비스를 제공하는 일자리다. 이러한 일은 지역사회 내의 취약 분야에 대한 사회 서비스를 확충시키고 참여자의 자긍심 증진 및 서비스 이용자의 생활 안정을 가져오는 효과가 있다.

구체적으로는 거동이 불편한 이들 또는 사회복지 시설을 이용하는 이들을 위한 돌봄 서비스, 소외계층 지원, (노인)가구 주거개선, 아동 청소년 보호상담·선도활동 등, 문화복지 사업 등의 일자리가 있다.

: 시장형 일자리

일정 수준 이상의 수익이 창출되는 업종을 선택하여 노인들이 공동 사업단을 운영하는 것이다. 이 일자리는 수익이 창출되는 경제활동으로써 노인의 자립심을 배양하고, 일정 기간(3년)이 지난 뒤에는 매출 규모에 따라 인센티브를 차등 지급 또는 독립 운영할 수 있도록 되어 있다. 이로써 예산 절감 및 국가적 비용 절감의 효과가 있다.

구체적으로는 일반 식품, 특산물, 공산품 등의 제조와 판매, 공동 작업장 운영, 지하철 택배, 세차 및 세탁, 지역 영농사업 등의 일자리가 있다.

: 인력 파견형 일자리

일정 교육을 수료하거나 관련 업무능력이 있는 자가 해당 수요처에 파견되어 근무한 대가로 임금을 지급받는 유형이다. 일정 기간 업무에 대한 교육지원을 통해 수행능력을 배양하여 사업단에 파견되기 때문에 근무처에서 임금을 받을 수 있어 노인의 노후생활이 보장된다.

구체적으로는 시험 감독관, 주유원, 주례사, 경비원, 가사도우미, 미화원, 식당보조원 등의 일자리가 있다.

시니어클럽 운영

노인의 사회적 경험과 지식을 활용할 수 있는 다양한 일자리를 개발하고 이에 참여할 수 있는 여건을 조성하는 전담 기관을 시니어 클럽CSC/Community Senior Club이라고 한다.

이 기관은 노인의 능력과 적성에 맞는 일자리의 개발·보급과 교육 훈련 등을 전담할 기관을 설치·운영하거나 법인·단체 등에 위탁할 수 있는 노인복지법제23조에 따른 것이다. 그리고 이 전담 기관의 설치·운영을 위한 비용은 국가 또는 지방자치단체가 부담하도록 법률로 지정되어 있다.(노인복지법 시행령 제17조)

2001년 시범적으로 지역사회 시니어클럽이 조성된 후 전국에 60개 정도가 설치되어 있다. 이 기관에서는 노인들의 개별적 고유성과 존엄성이 최대한 보장되도록 하면서 독립된 행정 체계와 운영 체계로 관리되고 있다. 노인들의 상담, 교육, 훈련 등을 위한 서비스 제공을 위하여 일정한 규모의 기준시설 확보를 도모하고 지역 노인들의 일자리를 창출·제공하도록 하고 있다.

아동 도우미

할머니들을 대상으로 하여 일정 기간의 교육 과정을 거쳐 유치원과 어린이집에서 아동도우미로 활동하는 일자리다. '할머니 선생님'이라고도 하는 아동 도우미는 옛날이야기를 들려주기도 하고, 한자와 예절을 가르치기도 하고, 버스에 태워주거나 내려주기도 하는 등 다양한 역할을 담당한다. 할머니들은 본인의 육아 경험을 바탕으로 하여 어린이들을 보살피기 때문에 삶의 즐거움과 보람을 느낄 수 있다. 또한 유치원이나 어린이집에서는 적은 비용으로 여러 명의 선생님을 고용하는 효과가 있기 때문에 고용이 증가하고 있다.

실버 페어

일본에서 구인난이 최악에 달했을 때 기업체들은 타개책의 일환으로 고령자를 재고용하기 시작했는데, 이때 '실버 페어silver pair'란 용어가 등장했다. 대상이 고령자라는 점을 감안하여 2인 1조로 정규직의 근무 시간을 반으로 나누고, 월급 또한 정규직의 절반 액수를 받는 고용구조이다. 실버 페어는 구인난을 해결함과 동시에 노인들의 일자리를 해결하기 때문에 일석이조의 효과가 있다.

지자체에서 추진 중인 노인 관련 사업 현황

시 · 도명	주요 추진 사업
서 울	노인 복지시설 주변에 실버존 설치, 경로 복지카드 사업(종로), 깔끔 세탁 배달사업
부 산	노인 복지시설 기간제 인력 파견 지원, 100세 이상 장수 노인 맞춤형 경로우대 시책, 치매노인 주간주말 보호 사업
대 구	경로 위생수당 지급, 상설 상담소 운영, 노인 지역 사회 봉사 활동비 지급 등
인 천	노인 자원봉사대 사업, 노인 결연 사업, 저소득 노인 목욕비 지급 등

시 · 도명	주요 추진 사업
광주	효 출동대 운영, 독거노인 1촌 맺기 결연 사업, 살맛나는 경로당 프로그램 사업
대전	노인 개안 수술비 지원, 보청기 시술, 경로 진료비 지급 등
울산	노인건강 증진 지원사업, 경로당 주변환경 정화활동 사업, 아줌마 가정 도우미 운영 등
경기	독거노인을 위한 빨래방 운영, 독거노인 1촌 가족 만들기, 노인 행복 아카데미 강의 개설, 노인 문제 종합 상담 등
강원	농어촌 지역 노인쉼터 조성, 노인 공동농장 지원, 노인 인력뱅크 운영, 실버사랑 릴레이 지원사업 등
충북	골목 호랑이 할아버지 팀 운영, 경로 우대 업소 쓰레기봉투 지원, 어르신 건강음료 배달 등
충남	독거노인 안전 지킴이 사업, 효 실천 복지서비스 사업, 어메너티 (Amenity) 노인 건강교실 운영
전북	장수 어르신 지원, 샘골 복지카드제 실시, 노인 환자 진료비 면제 등
전남	농어촌 노인건강 One-Stop 지원 서비스, 공동생활의 집 설치지원, 노인 관내 문화유적 탐방 지원 등
경북	복지전화 365 운동, 환경 취약지 및 어린이 놀이터 관리 사업, 경로당 '우리 마을 소개' 안내판 설치 등
경남	청소년 예절학습단 운영, 저소득 노인 실버 보행카 지원, 효 실천업소 지정 운영 등
제주	노인 고용 촉진 장려금 지원, 노인 복지시설 입소 노인의 위생재료비 지원, 노인 공동작업자 운영비 지원 등

제7장

실버산업이
미래 산업이다

실버산업은 원래 1990년대부터 노인을 대상으로 일부 복지 기능을 담당하며 출발하였으나, 점차 시장경제의 원리에 입각한 서비스 사업으로 전환되었다. 이후 수요가 높아지자 정부에서도 저출산 고령사회 문제를 풀기 위한 성장 동력산업으로 관심을 가지게 되었다. 2005년에는 고령화의 문제를 해결하는 중요한 분야라는 인식이 증가하고, 이에 따라 '실버산업'이라는 용어 대신 '고령친화산업'을 사용하기에 이르렀다.

80세에 국내 최고령 박사가 되다

P씨는 2000년 당시 75세의 고령으로 박사과정에 입학하여 언론에 화제가 되었던 인물이다. 그 후 80세에 국내 최고령으로 박사학위를 취득하고 지금은 노벨 의학상에 도전하겠다며 의욕을 불태우고 있다.

P씨는 37년간 평범한 과학교사로서 살아왔다. 특별한 점이 있다면 독실한 기독교 신자로서 매사에 성실하게 살아왔다는 것, 그리고 항상 손에 책이 들려 있을 만큼 학구열이 높았다는 점이다.

그가 뒤늦게 공부를 하게 된 것은 건강 때문이었다. 나이가 들어가면서 사흘이 멀다 하고 병원 신세를 질 정도로 각종 질병에 시달리던 그는 스스로 건강을 회복할 수 있는 방법을 찾기 시작했고, 공부에 몰두하는 방식을 선택한 것이다. 환갑을 넘긴 나이에 한양대 교육대학원에서 생물학 석사학위를 받은 뒤, 가족들도 모르게 박사과정 입학시험을 준비했다. 결국 P씨는 2000년 단국대학교 식품영양학 박사과정에 국내 최고령으로 합격하였다. 젊은이들과 당당히 겨룬 결과였다. 노인이라고 우대를 바라지 않고 손주뻘되는 동급생들과 똑같이 실험실에서 실험 자료와 씨름하여 거둔 성과였다. 박사 과정이 결코 쉽지는 않았지만 다른 일을 잊고 오직 공부만 할 수 있어 행복을 느꼈다.

P씨가 발표한 박사논문은 요료법으로 얻을 수 있는 질병 치유 효과에 관한 연구내용이다. 그는 이 논문을 완성하기 위해 수개월 간 지원자들의 실험 경과를 치밀하게 분석했다. 그리고 자신의 요료 건강법이 어떤 질병에 걸린 누구에게든지 도움이 될 수 있다는 점을 확신하게 되었고, 지금은 주변에 요료 건강법을 전파하고 있다. 뿐만 아니라 요료법을 포함한 종합적인 건강법을 더욱 발전시키고 보급하겠다는 꿈을 꾸고 있다.

많은 사람들의 건강을 지키고자 하는 그의 꿈은 이미 그의 건강법을 실천하는 사람들의 응원을 받고 있다. 노년의 인생을 준비하는 사람들에게 P씨의 이야기는 '최고령 만학도'라는 흥밋거리를 넘어 희망의 근거가 되고 있다. P씨는 아무 것도 하지 않으면서 그저 평범하게 살기보다는 도전하는 실천으로 이름을 남기고 싶다고 한다.

고령친화산업이란 무엇인가

고령친화산업이란 예전에는 없었던 새로운 산업으로, 노인 인구가 증가하면서 새롭게 등장하여 아직 명쾌하게 정의된 개념은 없다. 다만 이전에 자주 언급되었던 '실버산업'과 같다고 할 수 있다. 실버산업이란 노년층을 대상으로 한 재화나 용역을 영리 목적으로 제조·판매하거나 제공하는 산업을 말한다. 이 실버산업은 노인 인구의 증가와 함께 이전까지 소외 계층이었던 노인들이 이제는 중요한 소비자로서 대우되고 있다.

  고령친화산업진흥법에서 발표한 고령친화산업이란 "고령친화 제품 등을 연구·개발·제조·건축·제공·유통 또는 판매하는 업"으로 정의하였다. '고령친화'라 함은 실제로 '노인이 편리하면 모든 사람도 편리하다'는 취지 아래 편리성과 안전성에 입각한 노인의 선호를 우선적으로 고려함을 의미한다. 또 여기서의 '고령자'라 함은 현재의 고령자는 물론 현재의 중장년층을 포함하는 것으로, 향후 고령층으로 편입되었을 때의 제품과 서비스를 대비한 것이다.

일본의 경우 이 산업을 '복지용구 산업'이라고 한다.

고령친화산업진흥법에서 제시하는 고령친화제품은 대략 다음과 같은 분야에 해당한다.

가. 노인이 주로 사용하거나 착용하는 용구·용품 또는 의료기기

나. 노인이 주로 거주 또는 이용하는 주택 그 밖의 시설

다. 노인 요양 서비스

라. 노인을 위한 금융·자산관리 서비스

마. 노인을 위한 정보기기 및 서비스

바. 노인을 위한 여가·관광·문화 또는 건강지원 서비스

사. 노인에게 적합한 농업용품 또는 영농지원 서비스

아. 그 밖에 노인을 대상으로 개발되는 제품 또는 서비스로서 대통령령이 정하는 것

대한상공회의소에서 펴낸 '국내 실버산업 전망' 연구 보고서에 따르면 2010년 고령친화산업의 시장 규모는 약 41조 원이라고 한다. 또한 이후 10년간 성장률은 연평균 13%에 이를 것으로 전망하고 있다. 실제로 구매력을 갖춘 거대 잠재수요 계층인 노인층이 2010년에는 인구의 11.3%를 넘어섰으며 2020년에는 12.5%, 2026년에는 20%를 넘어설 것으로 예측하고 있다.

이처럼 초고령화 사회로 진입하는 것과 발맞춰 고령친화산업의 시장 규모는 급속도로 커질 것이다. 미국은 2015년부터, 일본은 2016년부터 베이비붐 세대를 겨냥한 실버산업이 정점에 달할 것이며 한국은 베이비붐 세대가 70세에 접어드는 2025년 즈음 새로운 전환을 맞을 것으로 보고 있다.

이러한 전망으로 인해 기업이나 지방 자치단체들은 고령친화산업이야말로 '황금알을 낳는 거위'라고 판단하고 있으며, 미래의 가장 유망한 산업으로 대비하기 시작했다. 그러나 국내 실버용품산업은 아직 걸음마 단계라고 할 수 있다. 현재 고령친화용품 제조업체는 100여 개 이상 등록되어 있으나 주 생산품은 침대, 휠체어, 에어매트이고 나머지는 거의 수입에 의존하고 있다.

이는 구매력 있는 노인 계층이 많지 않은 탓도 있지만 현재 유통되고 있는 실버용품의 대부분(약 80%)이 수입품에 의존하고 있기 때문이다. 이에 따라 정부가 구매해서 지급해 주는 분야는 성장하는 한편 유료로 구매하거나 운영해야 하는 분야는 지지부진하다고 할 수 있다. 더욱이 창의적인 제품의 개발보다는 외국 제품을 모방하는 추세를 탈피하지 못하고 있다.

이처럼 우리나라의 고령인구는 빠르게 증가하고 있으나 정부 차원의 지원은 미비한 상황이다. 다행히도 최근 정부는 차세대 동력산업으로 고령친화용품산업을 육성하겠다는 계획 아래 노인성 게

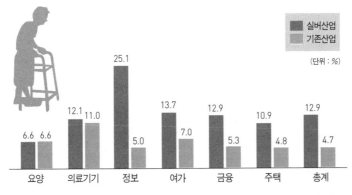

실버산업 연평균 성장률 전망

(범례)
- 실버산업
- 기존산업

(단위 : %)

- 요양: 6.6 / 6.6
- 의료기기: 12.1 / 11.0
- 정보: 25.1 / 5.0
- 여가: 13.7 / 7.0
- 금융: 12.9 / 5.3
- 주택: 10.9 / 4.8
- 총계: 12.9 / 4.7

〈자료 : 대한상공회의소〉

임이나 디지털 기기들을 개발 중이다. 일본의 경우 고령친화용품 제조사업은 대부분 정부와 지자체 민간이 협력을 해서 체계적으로 발전시켜 왔다. 일본에서는 휠체어, 특수 침대, 입욕 보조용구 등 실버용품 매출이 매년 10%에 가까운 성장을 거듭하여, 39조 엔 규모의 실버시장을 형성하고 있다. 국내의 시장 규모가 약 1,000억 원 안팎이라는 점을 고려하면 격차가 매우 높은 편이다.

고령친화산업의 분야

주거시설 분야

고령친화사업 중에서 노인 주거시설 분야는 미개척 분야라고 할 수 있다. 주거시설 분야에는 노인전용 주거시설, 실버타운, 은퇴자마을 등이 있다. 노인 공동주택은 경제적 형편이 어려운 노인들을 위한 복지 차원에서 이루어지고 있으나 아직 미흡한 편이다. 일반적으로 노인주택에 대한 이해나 욕구가 낮은데다, 주거용지의 공급 부족으로 노인주택 건설에 애로가 많기 때문이다.

그러나 노인 인구의 증가와 노인의 경제력 향상으로 노후생활을 보낼 편리한 주택에 대한 수요가 증가하고 있으며, 경제력이 충분하지 못한 노인들을 위한 영구 임대주택이나 노인주택의 건설이 요구되고 있다.

건강·의료 시설 및 서비스 분야

건강·의료시설 및 서비스 분야에는 요양시설, 재가 서비스, 노인

병원, 요양보호사 파견업, 가사 대행이나 유품 관리업, 장례 등이 있다. 현재 노인 전문병원은 주로 생활보호 대상 노인 및 저소득층을 대상으로 무료치료를 수행하고 있으나, 앞으로는 일반 노인들의 장기 요양보호 시설과 서비스가 절대로 필요하다.

현재 요양보호사 파견업이나 재가노인 서비스는 무료 및 실비로 운영되고 있으나, 앞으로는 가사 대행이나 유품 관리업, 장례 등과 같이 차별화된 유료 서비스가 개발되어야 할 것이다.

노인용품 제조·유통 분야

노인용품에 대한 수요가 증가하고 있으나, 아직은 정부 차원에서 지원해야 하기 때문에 크게 성장하지 못하고 있다. 노인용품은 주로 노화가 진행됨에 따라 필요한 의료기, 재활용품, 운동·건강용품, 생활용품, 노인 화장품, 노인 패션, 노인을 위한 음식 등이다.

경제력을 지닌 노인들의 실비 구매력이 증가하게 되면 발전이 유망하다. 더욱이 IT의 발달에 의해 노인들을 위한 휴대폰이나 기능성 게임, IT제품 들이 더욱 증가할 것으로 예측된다.

노인 여가 프로그램과 시설 분야

노인 여가 프로그램은 노인을 위한 관광, 레저, 스포츠, 교육 등의 분야이며, 여가시설은 노인 리조트, 노인 숙박시설 등이다. 아직 초보 단계이지만 앞으로 성장 가능성이 높은 분야라고 할 수 있다. 앞으로 노인 대학, 노인 상담소, 노인 문화센터, 노인 스포츠센터, 노인 복지관, 노인 방송국, 노인 여행사 등이 더욱 증가할 것으로 예측된다.

노인 금융상품 분야

노인들의 가장 큰 고민 중 하나가 노후자금인데, 노후자금을 관리해 주는 금융상품이 절실히 필요한 실정이다. 이를 위해서 주택 모기지론 같은 상품이 개발되었으나 앞으로는 더욱 다양한 금융상품들이 개발되어야 한다.

노인 교육 분야

평균수명이 늘어남에 따라 여가 선용이나 직업을 구하려는 노인들의 증가로 노인 교육은 더욱 요구되는 분야이다. 노인들을 위한 전문직업으로는 노인 주거시설 경영관리자, 노인 요양서비스 관리자, 노인 스포츠지도사, 노인 여가지도사, 노인 상담사, 노인용품 컨설턴트, 노인시설 감리사, 노인용품 기능사, 원격케어사, 노인 자산 매니저, 노인 관광 가이드, 노인 방송 아나운서, 실버시터 등 다양한 직업이 있다. 노인을 위한 교육으로는 노인 건강, 노인 금융, 노후설계, 죽음 대비교육 등이 있다.

노인 맞춤형 도시락 배달업

- 유망한 고령친화산업1

우리나라는 현재 생활수준의 향상에 따른 외식 프랜차이즈 산업이 활성화되어 있다. 그러나 우리보다 빠르게 저출산 고령화가 시작된 일본에서는 외식시장의 규모가 매년 줄어드는 추세이다. 이러한 추세를 반영이라도 하듯이 신규 체인점은 거의 늘어나지 않고 있다. 당연히 일본 외식시장은 새로운 시장에 대한 수요를 창출할 수밖에 없게 되었고, 이에 따라 점점 시장의 규모가 커지는 노인 시장에 관심이 쏠리게 되었다.

일본의 최대 외식 프랜차이즈 업체인 '와타미'는 노인들을 대상으로 한 도시락 택배 서비스로 매출을 늘리고 있다. 와타미는 거동이 불편해 요리하기가 힘든 노인들에게 도시락을 배달하는 업체이다. 이곳에서는 노인들의 건강을 고려하여 유기농산물을 식자재로 사용하고 있으며, 장을 보기 힘든 노인들을 대상으로 식재료를 배달하는 서비스도 실시하고 있다. 앞으로 중장년층과 노인층을 대상으로 한 도시락 배달사업이 더 확장될 것으로 예상하여 2020년까지 매출액 1,000억 엔을 목표로 잡았다.

우리나라도 머지않아 저출산 노령화로 인한 인구 감소가 예상되고 있으므로 일본처럼 외식산업의 흐름이 전반적으로 재편될 것으로 예측된다. 중장년층을 대상으로 하는 외식업들은 그런대로 명맥을 유지할 수 있지만 아동이나 청소년 대상의 외식업들은 점차 줄어들고 노인들을 대상으로 하는 외식업이 생겨날 것으로 전망된다.

노인의 경우 대부분 치아가 부실하기 때문에 먹고 싶은 것을 마음대로 먹기가 어렵다. 따라서 노인들 대상의 외식업은 노인들이 씹기 쉽고 소화하기 쉽게 조리된 음식 중심으로 판매될 것이다.

뿐만 아니라 거동이 불편하거나 남성인 독거노인들의 경우 음식을 직접 조리하지 못하기 때문에 영양실조에 걸리기도 하는데 이에 대한 서비스도 필요하다. 물론 이미 지방 자치단체나 노인복지 관련 기관에서는 독거 어르신들에게 반찬 배달이나 도시락 배달을 하고 있지만 주로 생활보호 대상자나 차상위 계층에 해당된다. 아직 중산층 독거노인들이나 상류층 노인들을 위한 도시락 배달 서비스가 상용화되어 있지 않은 우리나라에서는 시도해볼 만한 사업이다.

질환별로 맞춤식 기능성 식단을 제공하는 것도 개척 가능한 분야이다. 이미 큰 병원에서는 환자들의 질환에 맞는 기능성 음식을 만들어 단체 급식으로 제공하고 있다. 예를 들어 엄격한 식이요법이 이루어져야 하는 암환자들에게는 자극성이 있는 음식이나 지방이 많은 음식을 제공하지 않으며 당뇨병 환자들에게는 당이 적게 포함된 음식을 제공한다. 이처럼 노인들의 질환에 맞는 도시락이나 식자재를 집으로 공급한다면 그 수요가 확산될 것이다.

노인의 여가생활을 위한
기능성 게임사업 – 유망한 고령친화산업2

컴퓨터 게임은 기본적으로 몰입을 요구하는 오락이기 때문에 중독에 빠지는 청소년들이 많다. 이것은 그만큼 게임의 재미 요소가 강렬하다는 것을 의미한다. 최근에는 이러한 재미성을 다양한 분야에서 긍정적으로 활용하려는 시도가 활발하게 추진되고 있다. 대표적인 사례가 교육, 건강, 지식, 홍보 등의 다양한 기능적 요소를 게임과 결합한 기능성 게임이다.

기능성 게임이란 오락 이외의 교육, 건강, 지식, 홍보 등을 목적으로 만든 모든 디지털 게임을 말한다. 기능성 게임의 시작은 오락실에 제2의 전성기를 불러온 'DDR댄스 댄스 레볼루션'이나 '펌프잇업' 등의 프로그램이었다. 당시 게임에 운동 기능을 합친 것은 꽤 신선한 아이디어로서, 최근에는 이러한 맥락을 확장하여 닌텐도의 Wii와 휴대용 게임기인 DS가 등장하여 기능성 게임이 상업적으로 성공하였다. 이전의 디지털 게임이 개인적이었다면 Wii 스포츠 게임은 각종 스포츠 경기를 가족과 함께 할 수 있으며, 실제로 하는 것과 똑같이 활동하도록 진화되어 운동 효과를 얻을 수 있다. 닌텐도 DS는 이동 중에 틈틈이 각종 교육용 게임과 두뇌 트레이닝을 통해 지능 개발 및 치매 예방 효과를 얻을 수 있다는 장점을 지닌다.

점점 증가하는 노인성 질환, 장애, 치매를 의료적으로만 치유하려고 한다면 막대한 의료비용이 소비된다. 그러나 효율적인 기능성 게임을 개발한다면 의료비용도 감소되고 한 명이 아닌 여러 명이 그 효과를 받을 수 있다는 장점이 있다. 이에 따라 앞으로 기능성 게임 개발은 게임 산업의 대세를 이룰 것으로 보인다.

최근 전남문화산업진흥원과 동신대가 노인들을 위한 실버 기능성 게임 콘텐츠를 공동으로 개발한 바 있다. 노인들의 하체운동을 중심으로 한 자전거 게임이나 두더지 게임, 상체운동을 중심으로 한 실버 난타와 노 젓기 게임, 뇌훈련 및 인지능력 향상을 위한 그림자밟기, 퍼즐게임 등이 그것이다.

그러나 노인 인구의 증가에 비할 때 아직까지 노인 기능성 게임의 장르와 수준은 미흡하다. 다양한 노인들의 요구를 충족하기 위해서는 좀 더 많은 기능성 게임이 만들어져야 한다.

국내에서 노인을 타깃으로 한 기능성 게임시장이 닌텐도의 Wii처럼 활성화되지 못한 이유는 높은 수익을 기대할 수 없기 때문이다. 이러한 상품은 구매력이 약한 노인들이 직접 구매하기를 기대하기보다는 관련 기관들이 적극적으로 구매하여 활용해야 한다. 즉 기능성 게임산업이 마침내 고수익 산업이 되기 위해서는 노인 병원이나 노인 요양시설 등에 보급되고 자연스럽게 기관과 기업이 채택하는 구조가 되어야 한다.

노인의 젊음을 위한 성형업과 화장품업 - 유망한 고령친화산업3

고령화 사회에서는 외모에 관심을 갖는 노인들이 늘어나게 마련이다. 실제로 노인층의 성형수술 관련 통계자료를 보면 5년 전에 비해 3배나 증가한 것으로 나타났다. 성형외과를 이용한 60대 이상의 노인의 비중도 20％를 넘어섰다고 한다.

예전에는 생계 중심이었기 때문에 노화에 대해서는 당연한 것처럼 받아들였지만 요즘 노년층은 생활수준이 높아져 외모에 많은 신경을 쓰고 있다. 요즘 여성 노인들은 피부가 곱다거나 젊어 보인다는 말을 듣고 싶어한다. 실제로 젊은이가 '할머니'라고 부르면 화를 내는 노인들을 종종 만난다. 남성 노인들 또한 예외는 아니다. 조금이라도 젊게 보이기 위해 머리 염색도 많이 하고, 효과적인 건강보조제에 대한 관심도 높다.

이처럼 삶의 행태가 '오래 살기'에서 '젊게 살기'로 바뀌고 있는 요즘, 퇴직 후의 새로운 인생이 노년층의 화두로 떠오르고 있다.

특히 최근 '곱게 늙고 싶다'는 노인들의 욕구와 맞물려 60대 이상 노년층의 성형이 급격히 늘고 있다. 이제는 성형이 젊은이들의 전유물이 아니라 노년 세대로까지 대중화되고 있는 것이다. 주목해야 할 점은 사회활동을 하고 있는 노인들뿐만 아니라 은퇴한 노인들도 성형외과나 피부과를 찾아 시술을 받는다는 점이다. 그러나 노년층의 성형 목적은 젊은 세대와는 다르다. '아름다움'이 아니라 불편한 기능을 개선하거나 좀 더 젊어 보이려는 목적이 더 크다.

노인들의 노화는 피부로부터 시작되기 때문에 피부 노화를 해결하려는 성형이 인기를 얻고 있다. 실제로도 성형외과에서는 노인들이 주름, 모발, 기미 등의 치료가 급격하게 증가하는 것으로 나타났다. 뿐만 아니라 검버섯 제거, 눈밑 지방 제거, 주름 제거, 복부지방 제거수술을 시술받으려는 노인들이 증가하고 있다.

오늘날의 노인들은 과거에 비하여 경제적 시간적 여유가 많아져 자신의 건강과 외모관리에 적극적이다. 이러한 노인들의 욕구에 발맞춰 차별적인 서비스를 제공하는 성형외과와 안티에이징 센터들이 우후죽순처럼 증가하고 있다. 심지어 고급 실버타운에서는 안티에이징 센터가 기본적인 서비스로 제공되기도 한다. 안티에이징 센터는 세포막 손상과 DNA검사, 손가락 끝의 모세혈관 혈류검사 등을 통해 노화도 정밀검사를 하고 이에 따른 일대일 맞춤 프로그램을 제공한다. 안티에이징 센터는 성형외과처럼 수술을 통해서 치료하기도 하지만 노화를 예방하고 젊음을 유지하는 차원의 서비스를 제공하고 있다.

한편 일상생활에서 노화 예방을 위한 기능성 화장품을 이용하는 노인들이 많아지고 있다. 이제까지는 노년층을 위한 제품이 따로 없어서 중년층 대상의 제품을 사용해 왔으나 최근에는 노인들을 위한 중소 화장품 업체가 생겨나고 있다.

피부 노화로 인한 노인들의 고민은 주로 주름이나 피부 건조, 탄력 저하, 피부 처짐, 흰머리, 검버섯 등으로 나타났다. 통계자료를 보면 이러한 피부 노화를 개선하기 위해 노인 인구의 35%는 기능성 화장품을 사용하고 있는 것으로 나타났고, 가장 많이 사용되는 제품을 보면 주름 개선제, 자외선 차단제, 미백 제품 등인 것으로 조사됐다.

노인 전용 화장품 분야는 아직 초기 단계라고 할 수 있다. 그러나 외모에 관심을 갖는 시니어가 부쩍 늘고 있어 시장 전망이 밝다. 물론 노인 화장품이기 때문이 좀 더 주의해야 하는 부분이 있는데, 첫째는 대부분의 소비자들이 품질이나 기능보다는 유명 브랜드 제품이 좋다는 고정관념 때문에 노인 화장품을 외면한다는 것이다. 둘째는 이용 대상자가 노인이니만큼 소비자들은 본인이 노인임을 스스로 인정해야 구매할 수 있는데, 이러한 과정이 쉽지 않다는 것이다.

이런 상황 때문에 대기업이 노인 전용 화장품을 만들지 않는 것이다. 판매가 원활하지 않은 노인 화장품을 굳이 개발할 필요가 없기 때문이다. 그래서 일부에서는 노인 화장품 시장 규모가 아무리 커져도 수요가 없는 시장이라고 말하기도 한다. 그러나 일본의 '시세이도'와 '가네보' 등 대기업에서 300여 가지의 노인 전용 화장품이 출시되고 있는 것을 보면 우리도 점차 인식이 바뀌게 되어 노인 화장품 시장이 형성될 것으로 보인다.

지금 가장 먼저 해야 할 일은 노인 화장품이라는 게 있는지조차 모르는 이들을 위한 홍보라고 할 수 있다. 그 다음은 유통경로의 개선으로, 노인 용품점이나 요양원 등을 통해서 주문하거나 일부 방문판매를 통해 판매하는 방식은 판매량의 한계가 있다. 좀 더 다양한 경로를 개척하여 판매되어야 한다.

한편 굳이 기능성 화장품을 사용하지 않아도 지속적인 관리와 건강한 생활습관으로 피부를 탄력 있고 윤기 있게 할 수 있다. 이러한 피부 관리요령은 다음과 같다.

: 목욕을 지나치게 자주 하면 피부가 건조해지기 때문에 횟수를 조절할 필요가 있다.

: 목욕물의 온도는 미지근하게 하고 탕 속에 오래 담그지 않는 것이 좋다. 목욕 후에는 보습제나 오일을 발라주어야 한다.

: 비누는 피부에 부담을 줄일 수 있는 중성 비누나 천연 비누를 사용
  하도록 한다.

: 옷과 침구류는 피부 자극이 없고, 땀 흡수가 잘 되는 면 재질을 선택
  하는 게 좋다.

: 화장품의 알코올 성분은 피부를 건조하게 하므로 알코올이 없는 제
  품을 선택한다.

: 외출시 자외선 차단제를 반드시 바르고 장시간 햇빛에 노출되지 않
  도록 한다.

: 자외선 노출 후에는 감자나 알로에로 마사지한다.

: 균형 잡힌 영양소를 섭취하고 비타민을 보충한다.

: 피부를 항상 청결히 유지하기 위해 화장은 깨끗하게 지운다.

노인 맞춤형 여행업과
복합 문화공간 – 유망한 고령친화산업4

노인들은 일반인과 건강 상태가 다르기 때문에 시차 적응이 어렵고 오래 걷지 못한다. 그래서 많은 노인들은 시간과 경제적인 여유가 충분함에도 불구하고 맘껏 여행을 다니지 못하고 있다. 이러한 노인들을 위한 여행 상품을 판매하는 여행업이 앞으로는 성장하게 될 것이다.

　노인들을 위한 여행은 단순히 관람하는 방식이 아니라 노인들의 욕구에 맞춰 건강이나 휴식, 학습을 주제로 한 테마 여행으로 진행해야 한다. 또한 이미 젊었을 때 많은 나라를 방문하고 여행한 노인들을 고려하여 평범한 패키지 방식의 여행보다는 고객의 신체적 상태나 취향을 고려한 맞춤식 여행이 이루어져야 한다. 이에 따라 노인들은 여행 속에서 자신을 돌아보며 지적 호기심을 채울 수 있으며, 자신의 어려운 상황을 잊을 수 있다. 또한 여행에서 만난 새로운 인간관계를 통해 새로운 취미나 만남을 갖기도 하고,

지속적인 동호회 활동을 즐길 수도 있다.

한편 한국에서 노인들이 편안하게 활동할 수 있는 공간에 대해서도 배려되어야 한다. 이제 다양한 욕구를 지닌 노인들이 증가함에 따라 동네의 노인복지관이나 노인정 아니면 탑골공원이 아닌 다채로운 서비스를 제공하는 복합 문화공간이 요구되고 있다.

노인 복합 문화공간이란 카페 기능과 취미생활이 가능한 공간으로, 동호회를 통해 교류하고 소통하는 캠퍼스 커뮤니티 기능을 수행한다. 미국에는 이와 비슷한 기능을 제공하는 노인 센터가 있고, 일본에도 노인클럽에서 운영하는 노인복지센터가 있다.

우리에게는 노인복지관과 노인클럽 등이 있다. 노인복지관에서는 규모에 따라 내용이 다르긴 하지만 노인들에게 다양한 배울 거리와 함께 건강관리를 위한 스포츠 공간이나 병원 기능까지 제공하는 곳도 있다. 하지만 주로 교육과 케어의 기능을 담당하기 때문에 엄격하게 말해서 복합 문화공간으로 보기는 어렵다. 진정한 복합 문화공간이 되려면 노인과 가족이 같이 나눌 수 있는 공간, 다채로운 맞춤형 프로그램, 먹거리와 즐길 거리, 자원봉사와 일거리까지 제공해 주는 시설이 필요하다.

노인 복합 문화공간으로 아이디어를 얻을 수 있는 외국의 복합 공간을 보면 다음과 같다.

노인을 위한 스타벅스 '르누아르'

일본에는 노인들을 위한 커피숍 프랜차이즈 '르누아르_{Renoir}'가 있다. 르누아르는 동경을 비롯하여 일본의 관동지방에 100여 개의 프랜차이즈로 운영하는 커피전문점으로, 젊은 직장인부터 노인까지 다양한 연령 계층의 손님들이 들르는 곳이다. 젊었을 때 이곳을 이용했던 이가 나이 든 뒤에도 찾아오기 때문에 노인들이 많이 찾는 카페가 되었다.

노인들이 이곳을 찾는 이유는 호텔 커피숍처럼 비즈니스로 만나기에 좋은 분위기인 데다 유니폼을 차려입은 직원들이 친절하고 매너 있게 서비스하기 때문이다. 특히 노인들을 위하여 작은 배려를 아끼지 않는다. 따뜻한 물수건과 삶은 계란을 준비해 두고, 잔잔한 음악에 흡연공간도 배려되어 있다. 메뉴판은 노인들이 보기 편하게 큰 활자로 인쇄되어 있고, 간단히 요기할 수 있는 샌드위치나 수프뿐만 아니라 노인의 건강에 특별히 좋은 12가지 야채를 혼합하여 만든 건강음료도 판매한다.

고령자와 장애인이 더불어 사는 '행복촌'

일본 고베에 있는 행복촌은 총 62만 평의 면적에 다양한 복지시설과 서비스, 여가시설, 공원이 구현된 통합 모델이다. 특이한 것은 고령자와 장애인의 특성을 배려하여 일반인과 자연스럽게 함께 생활하기 편리하도록 설계되어 있다는 것이다. 도시 공원에서는 온천, 산책, 승마, 골프 등의 레저를 즐길 수 있고, 복지시설에서는 지적 장애인 통원 시설, 노인성 치매질환 전문병원 등을 이용할 수 있다. 연간 국내외 관광객 약 200만 명이 방문할 정도로 유명하여 우리나라 지자체들의 벤치마킹 대상이기도 하다.

이웃과 하나 되는 '코하우징'

1960년대 덴마크에서 시작된 코하우징이란 이웃과 친밀한 교류를 원하는 사람들이 개인생활 영역과 공동공간을 조합한 생활조직이다. 코하우징은 개인공간과 넓은 주방, 다양한 공동시설로써 친목과 운영을 도모한다. 코하우징의 장점은 이웃과 세대간 교류를 넓힐 수 있다는 점과 정보·공간·물품을 나눔으로써 실용적인 이득도 얻을 수 있는 것이다.

노인들에게 맞춤형 교육을 제공하는 '셰퍼드 센터'

미국 동부 노스캐롤라이나주 그린스보로에는 노인을 위한 다양한 프로그램을 제공하는 비영리복지법인NPO 셰퍼드 센터가 있다. 기부금으로 운영되는 셰퍼드 센터는 노인들의 지식과 정보를 제공하기 위해 설립된 공간으로 55세 이상 노인들에게 다양한 프로그램과 콘텐츠를 제공하고 있다.

세퍼드 센터의 주요 특징 중 하나는 자원봉사 시스템으로 운영된다는 것이다. 노인들에게 지적 호기심을 채울 수 있는 기회를 제공하는 한편 고령 노인들에게 안전한 케어를 제공하고 있다. 활동적인 노인들에게는 다채로운 프로그램을, 건강하지 못한 노인들에게는 여러 가지 케어 서비스와 놀이치료 프로그램을 제공하면서 노인들의 시간과 재능을 활용한다. 현재 300여 명이 참여하고 있고 매달 3만 원이면 세 가지 이상의 프로그램을 저렴하게 이용할 수 있다.

유니버셜 디자인의 시대가 온다

최근 노인·장애인·어린이·여성 등 사회적 약자를 대상으로 일상 생활의 질을 향상하고자 하는 의식이 형성되면서 유니버셜 디자인Universal Design에 대한 관심이 높아지고 있다. 이것은 장애인이나 고령자가 일상생활을 안전하고 편리하게 할 수 있도록 한 '배리어 프리barrier free: 장애물이 없는 생활환경' 개념을 기초로 하여 "성별, 연령, 국적, 문화적 배경, 심지어 장애의 유무에도 상관없이 누구나 손쉽게 쓸 수 있는 제품 및 사용 환경을 만드는 디자인"을 의미한다.

이 개념은 1980년대 미국의 건축가이자 공업 디자이너인 론 메이스가 창안한 것으로, 남녀노소를 불문한 모든 사람이 사는 데 불편이 없는 디자인을 해야 한다는 주장과 함께 처음 생겨났다. 신체적 장애뿐 아니라 상황에 따라 발생할 수 있는 장애까지 고려하여 디자인하는 유니버셜 디자인은 단순히 노약자와 장애인을 위한 배려라기보다는 '사람'을 위한 디자인이라고 할 수 있다. 즉 '모든 사람들을 위한 디자인Design For All'인 것이다.

유니버셜 디자인의 개념은 시대와 관점에 따라 변화하였고, 이에 따라 유니버셜 디자인의 기본적인 원리도 변화하고 있다. 유니버셜 디자인의 개념은 '기능을 지원하는 디자인', '적응수용 가능한 디자인', '접근 가능한 디자인', '안전한 디자인'으로 설명한 유니버셜 디자인의 원리이다.

유니버셜 디자인의 일곱 가지 원칙은 다음과 같다.

1. 공평한 사용   특정한 조건의 사람이 사용하기에 불편함이 없는 디자인(예: 센서로 열리는 자동문)

2. 사용의 유연성   다양한 개인적 기호 및 능력을 허용하는 디자인(예: 양손 사용 가능한 가위)

3. 간단하고 직관적인 사용   사용자의 경험, 지식, 언어능력 등과 상관없이 쉽게 사용할 수 있는 디자인(예: 그림으로 된 의약품 사용설명서)

4. 인지 가능한 정보   주변 환경이나 사용자의 감각적 능력과 상관없이 정보가 효과적으로 전달되는 디자인(예: 촉각이나 시각에 의한 자동 온도조절 장치)

5. 오작동에 대한 포용력   예기치 않은 동작으로 위험해질 가능성을 최소화하는 디자인(예: 컴퓨터 소프트웨어의 되돌아가기 기능)

6. 신체적 부담의 경감   신체적인 부담을 최소한으로 하고 효율적이

고 쾌적하게 사용 가능한 디자인(예: 조작이 간단한 레버식 손잡이)

7. 여유 공간 확보　사용자의 신체적 크기, 자세, 이동 능력과 관계없이 쉽게 접근하고 조작이 간편한 디자인(예: 누구에게나 편리한 지하철 개찰구, 화장실 공간, 계단이 아닌 경사로를 사용한 건물 출입구)

확장되는 노인용품 시장

70세의 김씨는 5년 전부터 건강이 좋지 않아서 침대에 누워 지낸다. 아침 7시 잠에서 깰 때는 음성으로 알려주는 알람시계를 통해 정확히 일어나며, 리모컨 작동으로 침대를 세운다. 물론 침대는 오랫동안 누워 있어도 욕창이 생기지 않는 기능성 침대다. 김씨는 스마트 TV가 읽어주는 노인 관련 기사를 체크한다.

8시, 전화기 액정 속의 편의점 그림을 누르고 배달 도시락을 주문한다. 도시락이 도착하자 리모컨으로 대문과 현관문을 열어주어 방까지 배달받았다. 침대에서 식사를 마친 뒤 약 봉투에서 약을 꺼내 먹는다. 약은 화장지 티슈처럼 한 개씩 꺼내 먹도록 되어 있는데, 때맞춰 약이 없어지지 않으면 자동적으로 자식들에게 문자가 전달된다.

김씨는 샤워하기 위해 전동차를 타고 욕실로 이동한다. 안전 손잡이가 달려 있어 수월하게 샤워기 있는 곳으로 다가갈 수 있다. 자동 안마 기능으로 몸을 닦아주는 기계에 몸을 맡긴 지 30분이 지나자 온풍이 켜지며 몸을 말려주었다. 김씨는 다시 침대로 돌아와서 스마트 패드를 이용해서 정보를 검색하고 페이스북이나 카페에 들어가 친구들의 안부를 확인하고 화상전화를 나눈다.

이는 현재 시판 중인 제품을 사용하는 노인의 하루 일과를 재구성한 시나리오다. 앞으로 과학 기술의 발달로 인해 노인용품들은 더욱더 발전할 것이다. 지금까지 나와 있는 노인용품 몇 가지를 소개하면 다음과 같다.

: 치매 목걸이   치매 노인들은 길을 잃어버리기 쉽기 때문에 늘 주의를 요한다. 따라서 연락처와 병력 등의 정보를 적은 목걸이를 착용하면 도움이 된다.

: 기능성 신발   일반 신발보다 쿠션이 많아 무릎 충격을 완화시켜 주는 신발이다. 척추나 골반에 무리를 주지 않아 관절염 등에도 효과가 있다.

: 전동카   전동카는 배터리로 이동할 있는 오토바이와 같은 수단이다. 걷기 불편한 분들에게 유용하고 가벼운 짐도 실을 수 있어 쓸모가 많지만 값이 비싼 편이어서 경제적 능력이 없는 노인들에게는 부담이 크다.

: 노인 위치추적기   치매 노인들이 어디 있는지 GPS로 위치를 파악

할 수 있는 휴대용 기기이다. 위치추적기를 노인에게 달아주면 가족들은 네비게이션으로 확인할 수 있으므로 문제가 생겼을 때 바로 찾아낼 수 있다.

: 욕창 방지용품　노인들은 오랫동안 누워 있으면 등에 욕창이 생기기 쉽다. 따라서 욕창이 발생하지 않도록 하는 여러 제품들이 있는데, 그 중에 에어 매트리스가 유용하다. 에어 매트리스는 말 그대로 풍선처럼 공기를 주입한 매트리스로, 등에 전면적으로 닿지 않고 공기의 유통을 도와주므로 욕창을 방지할 수 있다.

욕창 방지용 에어 메트리스

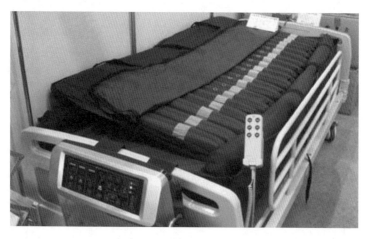

신개념의 실버타운

실버타운은 노후생활을 하는 데 필요한 의료시설, 오락시설, 체력 단련시설 등을 갖추고 식사관리, 생활편의, 건강의료 등의 서비스가 제공되는 시설이다. 양로원이나 요양원이 국가와 지방 자치단체의 재정적 지원으로 운영되는 곳이라면 실버타운은 입주자 개인이 입주금을 부담하여 운영되는 노인 거주단지이다. 따라서 설립자나 운영기관의 종류에 따라서 입주금 또는 사용료가 매우 높은 편이다.

국내 노인주택 중 최고의 시설로 꼽히는 '노블카운티'경기도 용인의 입주금은 30평을 기준으로 할 때 입주 보증금이 최소 2억 5000만 원이 필요하며, 생활비는 1인당 매달 106만 원식비 별도 정도이다. 이처럼 실버타운은 주로 경제력이 있는 중상류층 노인들이 입주하고 있다.

주요 실버타운 입주비용

	위치	평형	입주 보증금	월 관리비	
서울시니어스타워	서울 분당	30 41	1억 7680만 원 4억 4200만 원	46만원(1인)/92만 원(2인) 80만원(1인)/113만원(2인)	임대형 식비포함
삼성노블카운티 (타워동)	용인	30 72	2억 5000~2억 8800만 원 5억 5000~9억 2800만 원	106만 원(1인)/ 170만원(2인) 183.만 원(1인)/ 247만 원(2인)	
삼성 노블카운티	용인	1인실	1억 원	573만 원	
미리내실버타운	안성	11.5	1억 원	40만 원	
유당마을	수원	32	9100~9800만 원	150만 원(2인)	
서울타워	서울	15, 23,30	15평 기준 1억 3500만 원(보증금) 1억 3500만 원(15년간 운영비 일시납)	84만 원(2인)	
강서타워	서울	24, 33, 46, 53	24평 기준 3억 3300만 원	90만 원(2인)	임대형 식비포함
분당타워	분당	25, 28, 41, 45, 79	25평 기준 3억 6000만 원	110만 원(2인)	임대형 식비포함
가양타워	서울	20	2억 7000만 원		분양형

실버타운은 일반적으로 편리하고 안락한 주거시설과 의료시설을 비롯해 여가를 활용할 수 있는 도서관·아틀리에·노래방·국제회의실·금융센터·여행사와 이·미용실과 같은 생활 문화센터와 테니스, 골프, 배드민턴, 요가, 댄스, 에어로빅, 수영 등의 스포츠센터를 구비하고 있는 곳이 많다. 또한 건강이 악화되거나 지속적인 간호가 필요할 경우 자체적으로 운영되는 너싱홈으로 옮겨 전문적인 간호 서비스를 받을 수 있다.

실버타운은 원래 1960년대부터 미국 남부에서 형성된 노인들의 주거지역을 가리키는데, 우리나라는 1988년 7월 경기도 수원시에 위치한 유당마을이 첫 실버타운이다. 이후 민간기업이나 개인이 유료 노인복지시설을 설치·운영할 수 있도록 법이 개정되어 전국 각지에 많은 시설이 지어졌다. 보건복지가족부의 2008년 노인복지시설 현황에 따르면 국내 유료 노인복지 주택은 14곳, 유료 양로시설은 64곳으로 파악되고 있다.

실버타운 중에는 관리 부실과 운영업체의 도산 등으로 사회적 문제가 되고 있는 곳도 있지만 성공적으로 운영하여 투자 대상으로 떠오르는 곳도 있으므로 실버타운에 입주할 때는 자신의 경제적인 상황과 처지 등을 고려하여 합리적으로 선택해야 한다.

입주 방식에 따른 분류

입주 방식은 분양형, 종신형, 회원권형, 임대형 등이 있고, 거주 형태에 따라 단독 주거형과 공동 주거형으로 나눌 수 있다.

: 분양형 주택의 소유권을 모두 넘겨받는다. 입주자 재산권을 인정해 주지만 의료 등 각종 서비스는 별도로 부담해야 하는 것이 단점이다.

: 종신형 입주금 또는 보증금을 내고 주택을 평생 이용하는 방식이다. 그러나 이용권을 다른 사람에게 양도하거나 상속하는 것은 불가능하다. 입주금은 토지대와 건설비 등을 감안해 책정된다.

: 회원권형 회원권을 매입하여 입주 자격을 획득하는 방식이다. 가격은 종신 이용권과 비슷한 수준에서 결정된다. 소유권은 없고 관리비가 다소 비싸지만 다양한 서비스를 받을 수 있다.

: 임대형 임대형은 입주시 보증금을 내고 매월 임대료를 부담하는 유형으로, 주택을 건립한 사업주가 관리와 운영을 책임진다. 조건이 맞지 않으면 자유롭게 계약을 해지할 수 있으나 임대료가 비싸거나 오를 수 있다.

장소에 따른 분류

입지에 따라 도시형, 도시 근교형, 전원 휴양형 등으로 구분된다. 입주비용은 환경과 각종 서비스 내용 등에 따라 큰 차이가 난다.

: 전원형 가족과의 단절에 따른 외로움, 소통의 단조로움, 입주자들 간의 불필요한 경쟁의식, 식사와 의료시설의 부실함, 여가 · 편익시설의 부족 등의 문제를 지닌다.

: 도심 근교형 입지와 시설 면에서 전원형보다 만족도가 높지만 입주 비용이 비싼 점이 단점이다.

: 도시형 도시형 실버주택은 쾌적한 주거환경보다는 교통, 의료시설, 편익 및 여가시설, 커뮤니티시설 등을 완비하고, 개인별로 맞춤형 시설과 서비스를 제공하기 때문에 최근 들어 인기를 끌고 있다.

'잇큐안'과 '선 시티' 모델

잇큐안

일본 도야마富山시의 주택가 한복판에 자리한 잇큐안 休庵은 일본에서도 유명한 사설 요양원이다. 잇큐안은 설립할 때부터 노인만이 아닌 대가족 사랑방으로 기획되어, 3세대가 같이하거나 동네 사람도 함께할 수 있다. 1층에는 레크리에이션 센터를 두고 2층에는 입주 노인들이 거주할 수 있는 방과 공동 거실을 배치하였다. 그러나 시간이 지날수록 부모를 찾는 자녀들의 왕래가 뜸해지면서 대가족 사랑방의 개념이 희미해지자 설립자는 1층에 레스토랑을 오픈하여 활성화를 도모하였다.

이 레스토랑은 매일 다른 메뉴가 제공되는 데다 가격까지 저렴하여 지역 주민들에게 입소문이 나게 되었고, 예약 없이는 식사할 수 없을 정도가 되었다. 이 흐름을 이어 주부들에게 미용과 요리를 가르치는 문화 강좌를 개설하여 지역 주민을 끌어모았다. 뿐만 아니라 식당 공간에서 노인과 젊은이가 어울려 연주 또는 콘서

트를 할 수 있도록 하여 세대교류를 이끌고, 공예·미술·재활 훈련 프로그램까지 확장하였다. 잇큐안의 이용료는 보증금 없이 월 10만 엔(140만 원)이다. 혼자 생활하기 힘들다고 판정받은 노인은 10%만 본인이 내고 90%를 공공 부문이 부담한다.

선 시티

미국에는 2만 여 개가 넘는 은퇴자 커뮤니티가 있는데, 그 중에서도 세계 최고의 은퇴자 도시이자 50년의 역사를 갖고 있는 아리조나주의 '선 시티Sun City'가 대표적이다. 해발 약 366m에 위치해 연중 온화한 기후를 유지하고 연간 312일 이상 햇빛이 비추어 '선 시티'라고 부르는데, '은퇴자들의 천국'이라고 불릴 정도로 노인들이 살기에 좋은 조건이다.

선 시티는 미국 인구가 급속히 고령화되고 은퇴 예정자들이 전후 연금 등의 혜택으로 경제력이 좋아진 데다 과학과 의약기술의 발달로 노인들이 풍요로운 노후를 즐길 것으로 예상한 결과라고 할 수 있다. 즉 50년 전에 노인을 대상으로 하는 은퇴자 도시로 설립된 이곳은 약 1,090만 평여의도의 12배 크기 규모의 대지에 2만 6000세대의 주거시설이 있고 인구 4만 2000명이 거주하고 있다. 주요 시설로는 골프장, 병원, 수영장, 각종 상가, 경찰서, 영화관 등 웬만한 도시에서 볼 수 있는 시설들은 다 입주해 있다.

선 시티의 가장 큰 장점은 저렴한 주거비와 생활비로 다른 고급 시니어 리조트와 확연히 구별되는 점이다. 선 시티는 분양 형태로 입주가 이루어지며 가족 중 한 명이 반드시 55세 이상이어야 한다는 제약이 있다.

선 시티의 주택은 개인 소유가 가능하며, 가격은 최저 1억 5000에서 최대 8억 원대까지 다양하다. 월 평균 관리비는 생활비를 포함하여 평균 150~200만 원(2인 기준)이다. 이 정도 비용으로 각종 문화시설을 마음대로 사용할 수 있다면 최저 수준의 비용으로 여가를 마음껏 즐길 수 있다.

선 시티는 평생교육이 가능한 교육시설들이 많으며, 특히 12개나 되는 골프장에서는 연회비 32만 원 정도에 골프를 즐길 수 있다. 뿐만 아니라 건강한 생활을 도모할 수 있는 각종 의료시설과 상업시설, 종교시설 등이 잘 갖춰져 있어 입주자들의 만족도가 매우 높다. 선 시티 내에 있는 선헬스 델웹병원은 24시간 응급진료 체계를 가진 475병상 규모의 종합병원으로, 인근 도시에서 환자가 찾아올 정도로 의료 수준이 뛰어나다.

1960년, 선 시티가 첫 입주자 모집을 할 때 전문가들은 분양에 실패할 것으로 예상했지만 실제로는 미국 전역에서 은퇴자들이 몰려들어 무려 13km나 줄지어 설 정도였다. 그러나 선 시티도 처음에는 노인 유입 부족에 따른 정체성, 생기 부족, 전 세계의 경제

선 시티의 개인주택

선 시티의 전경

위기와 연관된 미국 주택경기의 침체로 인한 영향을 받아 운영이 어려웠다. 이에 대한 대응책으로 선 시티에서는 가족이나 다른 세대 간의 교류, 은퇴자 본인의 직접적인 커뮤니티 참여, 각자의 다양한 인생 경험에 기반한 자원봉사 시스템을 활성화하였다. 이로 인해 선 시티 문화를 선호하는 노인들이 늘어남에 따라 인기 좋은 은퇴자의 천국이 되었다.

우리는 세계 은퇴자 마을 중에서도 최고로 꼽히는 선 시티의 성공사례를 주목할 필요가 있다. 은퇴자들에게 최고급의 서비스를 베풀면서도 이곳이 부자들만의 도시가 아니라는 점에서 우리가 지향해야 할 모델로 꼽힌다.

실버타운의 문제점

첫째, 실버타운에 대한 인식의 전환이 필요하다. 전반적으로 실버타운은 외롭고 불쌍한 노인들이 모이는 곳이라는 편견이 있어 노인들이 입소를 꺼리고 있다. 그러나 미국이나 유럽 등 선진국에서는 우리와 전혀 다른 인식을 가지고 있다. 실버타운이란 일상의 연장이며 오히려 복지혜택을 누리면서 생활할 수 있어 선호하는 입장이다. 따라서 실버타운에 대한 고정관념의 전환이 있어야 할 것이다.

둘째, 새로운 희망을 꿈꿀 수 있는 계기가 필요하다. 실버타운의 시설이 아무리 좋아도 노인들끼리 지내는 공간에서는 희망을 찾기가 쉽지 않다. 매일 보던 친구가 하나 둘 사망할 때마다 노인들은 죽음의 공포에 사로잡히거나 스트레스를 받을 수밖에 없기 때문이다. 따라서 노인들에게 희망찬 삶을 제공하기 위한 다양한 프로그램이 기획되어야 한다.

셋째, 비싼 경비를 줄일 수 있어야 한다. 우리의 경우 아직까지는 부유한 노인들만 실버타운에 입소할 수 있다. 이것은 실버타운이라는 공간이 친숙하지 않은 탓에 우선 최고급 실버타운 중심으로 공급되었기 때문이다. 또한 공동생활의 경험보다는 부부 중심이나 개인 중심의 생활에 익숙한 노인들에게 맞추어 운영하려면 비용 부담이 클 수밖에 없다. 따라서 외국처럼 공동생활을 하는 방식과 개인부담을 줄일 수 있는 지자체 및 정부의 지원이 선행되어야 한다. 이러한 의식의 변화와 정책적인 지원 없이는 실버타운은 일부 계층의 소유물로 오히려 빈부의 격차에 대한 위화감을 조성할 수 있다.

넷째, 자체의 수익사업이 요구된다. 지금까지 실버타운은 입주자의 입주금이나 사용료에 의존하고 있기 때문에 운영이 쉽지 않다. 따라서 일본의 경우처럼 실버타운이 스스로 수익을 낼 수 있도록 식당을 운영하거나 노인들의 일자리를 연결한다면 운영상의 효율성을 높일 수 있다. 예를 들어 단지 안에 유치원이나 탁아시설을 세우고 아이들을 관리하는 일을 맡기거나 사회적 기업을 세워 단순노동 중심으로 운영하는 방법 등을 고려할 수 있다.

다섯째, 자원봉사자의 활용으로 비용 절감을 꾀해야 한다. 실버타운의 운영비가 많이 드는 이유는 의사, 약사, 간호사, 물리치료사, 영양사 등 유자격 전문종사자에게 소비되는 비용이 많기 때문이다. 전문 종사자를 최소한으로 고용하고, 나머지는 자원봉사자들을 활용하는 방식이 필요하다.

제8장

알고 먹으면 보약
모르고 먹으면 독약

이제 노년기가 길어졌기 때문에 멋진 노후를 대비하여 젊어서부터 건강을 관리해야 한다. 이러한 생각을 대변하는 것이 바로 "돈을 잃으면 조금 잃은 것이고, 명예를 잃으면 많이 잃은 것이고, 건강을 잃으면 다 잃은 것"이라는 말이다.

그렇다면 건강을 위해 어떤 노력을 기울여야 할까? 대개 '웰빙'에 이어 로하스(OHAS, Lifestyles Of Health And Sustainability)라는 개념 아래 건강과 환경을 도모하는 친환경적 흐름이 나타나고 있기는 하지만, 가장 일상적인 습관부터 점검해야 한다.

수명을 단축시키는 요인

최근 65세 이상 고령자의 사망 원인을 분석한 통계청의 자료를 보면, 대장암과 당뇨병으로 인한 사망이 20년 전보다 7배 가까이 급증하였다. 원래 당분과 육식을 즐기는 선진국에서 많이 발생하던 병으로서 우리의 식단이 이미 많이 서구화되었음을 증명하는 자료이다.

이처럼 건강하게 살기 위해서는 식습관이 중요하다. 여기에 "습여성성習與性成"이라는 말을 적용할 수 있는데, 이것은 '습관이 오래되면 마침내 천성이 된다'는 뜻이다. 암 발생의 원인도 음식이 30%나 되는 것을 보면 어떻게 먹느냐에 따라서 암에 일찍 노출되기도 하고 오래 건강하게 살 수도 있다. 따라서 어릴 때부터 올바른 식습관을 들이는 것이 중요하다.

1950~1960년대를 거쳐온 성인들은 부족함을 느끼지 못하는 요즘 아이들에게 보릿고개 이야기를 들려주곤 한다. 가을에 수확한 양식은 바닥이 나고 보리는 미처 여물지 않은 5~6월, 풀뿌리나 나

무껍질로 배고픔을 달래야 했던 세대는 주로 영양 불균형이나 영양실조에 걸리곤 했다. 요즈음은 식생활이 풍요로워져서 영양이나 위생 형편이 선진국 못지 않은 수준이 되었다. 그런데도 이름 모를 각종 질병들이 새롭게 생겨나는 이유는 무엇 때문일까?

자연치유학자들에 따르면 먹거리가 풍성해지면서 새로운 유전 형질을 가진 음식물을 먹거나, 식습관이 잘못되었기 때문이라고 한다. 즉 배고픔을 채우려는 시대에서 식도락을 즐기는 문화로 바뀌어 가면서 예전에는 알지 못했던 희귀한 질병들이 많이 생겨났다는 것이다. 예를 들면 AIDS, 광우병, 괴질, O157, 조류독감 등 이름조차 너무나 생소한 질병들이 생겨났다.

이러한 경우를 소의 광우병에서도 찾아볼 수 있다. 광우병이란 1986년 영국에서 처음 보고되었는데, 소의 뇌에 구멍이 생겨 갑자기 소가 포악해지고 정신 이상과 거동 불안 등의 행동을 보이는 만성 신경성 질병이다. 문제는 광우병에 걸린 소를 사람이 먹게 되면 2년~5년의 긴 잠복기와 불안, 보행 장애, 기립불능, 전신마비 등의 증상을 보이다가 결국은 사망에 이른다는 것이다.

광우병은 1970년대 영국의 소 사육업자들이 소에게 양고기를 사료로 먹이기 시작한 이후라고 한다. 원인이야 여러 가지를 유추해 볼 수 있지만 가장 강력한 것은 성장을 빠르게 하기 위하여 초식동물인 소에게 동물성 사료를 먹임으로써 문제가 발생되었다는 설이다. 사람 또한 예전에는 먹어보지 못했던 새로운 음식들로 인하여 식도락의 즐거움은 누릴 수 있게 되었으나 우리의 몸은 이로 인한 스트레스를 해결하지 못해 새로운 질병에 시달리게 되었다.

과학적으로도 현대인들은 음식을 많이 섭취하는 반면 신체 활동량은 급격히 줄어들어 인슐린이 제대로 만들어지지 않거나 제 기능을 하지 못해 다양한 성인병 증상이 나타나고 있다. 특히 서양인들이 거의 100년에 걸친 식생활의 변화가 '초식동물'에 가까웠던 한국인에게는 최근 20~30년 사이에 벌어진 것이다. 서구형 식사 패턴이 도입되고 육류 섭취가 늘어나면서 한국인의 평균 콜레스테롤 수치가 훌쩍 올라갔을 뿐만 아니라 유전적으로도 중성 지방을 처리하는 능력이 서양인에 비해 떨어지기 때문에 대사증후군과 관련된 질환으로 사망하는 사람들도 늘어나고 있다.

이처럼 현대인들은 못 먹어서 생기는 병이 아니라 지나친 영양 섭취로 인해 병에 걸린다는 것을 명심해야 한다.

강장식품에 대한 욕심이
건강을 망친다

동서양을 막론하고 강장식품에 대한 관심은 높지만 한국인은 특히 관심이 많은 편이다. 세계 녹용 생산량의 80%를 우리나라에서 수입하고 있는 것만 보아도 알 수 있다. 한국인이 즐겨 찾는 강장식은 주로 개고기, 장어, 지렁이, 뱀, 미꾸라지, 두더지, 굴, 잉어, 가물치, 녹용, 전복, 지네, 두꺼비, 개구리, 오골계, 흑염소, 곰발바닥, 해구신 등 셀 수 없을 정도다.

　이러한 강장식품들은 오늘날 영양학적인 관점에서 볼 때 과연 인체에 이로울까? 많은 의학자들이 강장식품에 대하여 과학적으로 평가하고 있으나, 영양적 평가를 확인한 일부의 음식을 제외하고는 과학적 근거 없이 관습적 또는 신앙적으로 섭취하는 경우가 많다. 사실 강장식으로 알려진 것들은 대개 민간요법에 의한 것으로, 모두 영양가가 높은 것도 아니며 사람 체질에 따라 다른 영향을 끼친다는 점을 명심해야 한다.

한국 사람들이 강장식품으로 주로 먹는 개고기, 뱀, 장어의 영양적 효과는 어떠할까? 또 이러한 강장식품이 정력에 좋다는 정보가 과연 사실일까? 물론 단백질이 유난히 많다거나 포화지방산이 많이 포함되어 있기 때문에 몸에 좋은 것은 사실이지만 다른 식재료 비하여 특별한 효과가 있다고 장담할 근거는 아직 없다.

그럼에도 불구하고 사람들은 몸에 좋다면 건강에 좋은지 나쁜지 검증도 하지 않고 도전하는 경우가 많다. 뱀, 개구리, 지네, 곰 등 한국인의 보신 행각은 이미 세계적으로도 유명하다. 위험한 것은 뱀이나 개구리, 지네에게서 자주 발견되는 기생충에 감염되면 눈, 뇌, 심장, 척수 등 사람의 신체조직 안에 장천공, 복막염, 척수신경마비를 일으킬 수 있는 것이다. 더욱이 특수한 재료일수록 은밀하게 유통되다 보니 불결할 수 있고 위험 성분에 대한 확인절차가 생략될 수 있다.

음식은 도전의 대상이 아니다. 우리의 몸에 가장 훌륭한 식재료는 오랫동안 생명력을 지켜온, 주변에서 흔히 볼 수 있는 것들이다. 햇빛, 공기, 물, 흙이라는 기반 아래 자라난 가장 흔하고 평범한 것들이 가장 가치 있고 귀중하고 신비한 것들이다. 예를 들어 기원전 단군신화에도 등장하는 마늘이나 쑥은 현재까지도 그 효능이나 가치를 인정받고 있다.

때로 새로운 음식을 먹고 나서 배탈이 나는 것은 이처럼 우리에게 익숙하지 않은 성분이 몸 안에 들어왔기 때문이다. 매일 먹는 음식은 면역력이나 안정성이 높지만, 새롭게 도전한 음식 성분은 소화가 어려워 탈이 나는 것이다.

우리 옛말에 "물을 갈아 마시면 배탈이 난다"는 말이 있다. 물에는 미량의 중금속, 미생물, 철분, 미네랄 등이 들어 있는데, 오랫동안 같은 물에 익숙한 사람은 면역력을 지니고 있지만 물을 바꾸어 먹게 되면 그 성분에 대한 면역이 없어 배탈을 일으키는 것이다. 이처럼 물이나 음식이나 새로운 것을 먹을 때는 조심해야 한다.

동전의 양면, 활성산소

인간의 생명 유지에 절대적으로 필요한 산소는 호흡을 통해 몸속에 들어와 혈관을 따라 몸의 구석구석까지 퍼져 나간다. 이처럼 생명의 에너지인 산소는 때때로 질병을 유발하거나 사망에 이르게 하는 유독물질이 되기도 한다. 그것이 바로 활성산소이다.

'산소 대사의 찌꺼기'라 할 수 있는 활성산소는 산소가 혈관을 따라 각 조직으로 운반되는 과정에서 혈액순환이 원활하지 못할 때 만들어지는 유해물질로서, 우리가 마시는 산소의 약 1~2% 정도가 활성산소로 변화된다. 그러나 활성산소가 무조건 나쁜 역할을 하는 것은 아니다. 우리 몸에 각종 유해균이 침투하게 되면 백혈구가 방어와 공격의 자세를 취하는데 이때 활성산소는 병원체를 몸 밖으로 밀어내는 작용을 하며, 백혈구의 찌꺼기 세포를 분해하는 역할을 한다.

그러나 활성산소는 장점보다 단점이 많은 물질이다. 활성산소가 과도하면 혈관 내벽과 장기를 공격하여 여러 가지 장애를 일으키게 된다. 세포의 유전자를 절단하여 암을 발생시키고 세포조직을 손상시켜 노화와 질병을 유발시키는 인자가 된다고 한다. 뿐만 아니라 활성산소는 몸 안 곳곳을 돌아다니면서 혈관을 막아 관절염, 면역 약화, 세포의 손상, 노화 촉진, 당뇨병, 중풍, 치매 등을 일으킨다는 보고가 계속되고 있다. 일부에서는 현대의 질병 중 90% 이상이 활성산소 때문이라고 주장하기도 한다.

활성산소가 발생하는 이유를 보면 과도한 스트레스, 자외선, 방사선, 자동차와 공장의 배기가스, 농약이나 살충제 등의 화학물질, 방부제나 색소가 들어 있는 인스턴트 식품, 흡연과 음주, 과식으로 인한 잉여 칼로리 등이 문제요인이다. 또한 과도한 운동도 체내 활성산소를 증가시키므로 운동은 등에서 땀이 약간 배어나올 정도로 가볍게 하는 것이 좋다.

이 중에서 특별히 조심해야 할 것은 스트레스와 인스턴트 식품으로 인한 활성산소 생성이다. 인간이 가진 식욕, 성욕, 수면욕 같은 생리적인 욕구, 안전 욕구, 명예욕, 성취욕 중 어떤 욕구라도 좌절하게 되면 사람은 스트레스를 받게 된다. 스트레스는 노라아드레날린 계통의 호르몬을 촉진시키고 이 호르몬은 대량의 활성산소를 발생시켜 노화와 치매, 혈관 수축, 혈압 상승, 혈액 흐름장애 등으로 이어지게 된다.

또한 인스턴트 식품을 많이 먹어도 활성산소가 생기게 된다. 인스턴트 음식 중에서도 기름에 굽거나 튀긴 음식 또는 방부제나 색소가 많이 포함된 음식은 활성산소를 많이 유발시키는 원인이 된다. 특히 튀긴 음식이나 생선이 직접 자외선(직사광선)을 받으면 과산화지질을 형성하는데, 이러한 음식을 섭취하면 피부의 탄력을 좌우하는 섬유가 약해져 주름살이 생기거나 색소 침착이 발생하고 동맥경화나 간질환 등이 나타날 수 있다.

활성산소를 중화시키는 성분은 우리 몸에 있는 항산화제라는 효소로서, 산화작용의 예방을 도와주며 세포막의 지질이 산화되는 것을 방지해 준다. 이 항산화제는 나이가 들면서 활동(생성)도 감퇴되는데, 항산화제 분비량이 적으면 그만큼 질병 발생의 위험이 높아져 수명이 단축된다.

활성산소를 억제하고 중화시키는 항산화제를 강화시키기 위해서는 과일과 야채, 쌀 배아와 대두를 자주 먹는 것이 좋다. 과일과 야채가 가지고 있는 고유성분인 비타민B_2, 비타민C, 비타민E토코페롤 등의 비타민류와 체내 흡수시 비타민A로 변하는 베타카로틴은 활성산소를 중화시키는 항산화제 역할을 수행한다. 또한 녹차에 들어 있는 플라보노이드는 녹황색 식물이 갖는 강한 항산화력의 원천으로 활성산소를 분해하는 색소이다. 그리고 쌀 배아와 대두 사포닌은 혈액 속의 남아도는 콜레스테롤과 염분을 제거해줄 뿐만 아니라 항산화 작용을 병행한다.

포화지방산과 불포화지방산의 진실

에스키모라고 알려진 '이뉴잇Innuit'은 그린란드나 알래스카, 시베리아 등 북극해 연안에서 어로와 수렵 활동을 하며 사는 인종이다. 처음 교류를 시작한 캐나다 인디언들은 그들을 에스키모라고 불렀으나 지금은 이뉴잇이라고 부른다. 에스키모가 '날고기를 먹는 잔인한 사람들'이라는 뜻이라면 이뉴잇은 '눈을 아는 지혜로운 사람'이라는 뜻이다.

이들은 찬 바다에 사는 고등어나 청어, 연어 같은 등푸른 생선과 물개를 잡아서 날것으로 먹는 습성이 있다. 그것은 야채나 과일을 구할 수 없는 추운 지방에서는 비타민을 구하기 위한 나름대로의 대안이었던 것이다.

30여 년 전 덴마크의 의학자 다이아베르크 박사는 이상한 현상을 하나 발견했다. 그린란드의 에스키모들이 심장병이나 동맥경화 같은 심혈관 질환에 거의 걸리지 않는다는 사실이었다. 그에 비해 당시 가까운 덴마크에서는 심혈관 질환의 발병률이 매우 높았다. 야채나 과일을 입에도 대지 않고 생선이나 물개 등 지방이 많은 음식만 먹는 에스키모들이 오히려 심혈관 질환에 걸리지 않았던 이유는 무엇일까?

이와 같은 의문에 대해 많은 과학자들이 주목했는데, 특이한 현상이 또 하나 관찰되었다. 그린란드의 에스키모들이 덴마크로 이주해서 살면 역시 심혈관 질환의 발병률이 높아진다는 사실이었다. 이는 심혈관 질환의 주된 원인이 유전적 요인이 아니라 식생활 습관에서 비롯된다는 사실을 증명한다. 그 후 의문은 풀리게 되었다. 에스키모들이 먹는 생선이나 물개 고기 속에 함유된 풍부한 지방산 때문이었다. 오메가3라는 이 지방산이 에스키모들이 추운 지방에서 생존할 수 있는 에너지를 공급하고, 심장병이나 동맥경화 같은 심혈관 질환을 예방케 한 것이다.

'기름'이라고 말하는 지방은 농축된 에너지의 급원으로서 체내에 에너지를 효율적으로 저장해 두었다가, 에너지의 섭취가 중단 또는 제한되었을 경우 사용되는 비상식량과 같은 역할을 한다. 또한 오메가3라는 지방산은 심장병이나 동맥경화 같은 심혈관 질환을 예방하고 치료하는 데 도움을 준다.

우리가 섭취하는 지방에는 세 가지 형태가 있다. 포화지방산, 고도 불포화지방산, 단순 불포화지방산이 그것이다. 포화지방산은 분자구조상 '이중 결합이 없는 지방산'을 말하며 일반적으로 소,

돼지, 닭의 기름 성분, 즉 동물성 기름으로 실온에 두면 굳어버리는 성질을 갖고 있다.

불포화지방산은 분자구조상에 '이중 결합을 갖고 있는 지방산'으로 일반적으로 액체 상태로 존재하는데, 생선 기름, 견과류 기름, 식물유 대부분이 이에 속한다.

불포화 지방은 이중결합이 하나인 단순 불포화지방산(오메가9)과 여러 개의 이중결합이 있는 고도 불포화지방산으로 나뉜다. 고도 불포화지방산은 다시 이중결합의 위치에 따라 오메가3와 오메가6 지방산으로 나누어진다. 해바라기유, 옥수수유, 면실유 등 쿠킹 오일에 주로 오메가6 지방산이 많고, 오메가3는 아마유나 유채유, 호두기름 등과 등 푸른 생선에 특히 풍부하게 들어 있다. 불포화지방산 중 단순 불포화지방산은 다른 지방보다 우리 건강에 이로운 것으로 알려져 있다. 그러나 포화지방산과 일부 고도

불포화지방산과 포화지방산의 구분

구분	종류
불포화지방산	콩기름, 참기름, 들기름, 옥수수기름, 올리브유, 해바라기씨, 참깨, 콩류, 견과류, 고등어, 연어, 멸치, 정어리, 대구간유, 참치, 고등어, 꽁치, 삼치 등
포화지방산	쇠기름, 돼지기름, 닭껍질, 베이컨, 쇼트닝, 라아드, 버터, 코코넛유 등

불포화지방산은 심장질환을 유발하거나 혈관을 경화시키는 작용을 한다.

따라서 단순 불포화지방산은 많이 먹어야 하고, 포화지방산은 덜 먹어야 한다. 그러나 우리가 잘못된 상식을 갖고 있는 것 중에 하나는 오리가 불포화지방산이기 때문에 성인병에 좋다고 생각하는 것이다. 그러나 실제로 오리 기름은 불포화지방산이 70% 정도이며, 나머지 30% 정도는 포화지방산이다. 즉 완전 불포화지방산은 아니라는 것이다. 또한 돼지고기의 지방이 모두 포화지방산이라고 생각하겠지만 의외로 부위에 따라 불포화지방산이 포함된 부위도 있다. 불포화지방산은 많이 먹고, 포화지방산은 덜 먹을 수 있는 방법은 다음과 같다.

: 콩기름 대신에 올리브유나 케롤라 오일을 사용한다.

: 생선을 즐겨 먹는다.

: 고기를 먹는 경우에는 기름기가 없는 살코기 부위를 먹는다.

: 고기를 조리할 때는 보쌈과 같이 물에 삶아서 지방이 빠지도록 하는 것이 좋다.

: 단백질은 고기보다는 콩을 통해 섭취하는 것이 좋다.

: 소금이 가미된 아몬드와 같은 견과류는 피하는 것이 좋다.

: 땅콩은 구운 것보다 날땅콩을 삶아서 먹는 것이 더 좋다.

불포화지방산이 많이 들어 있는 기름으로는 올리브유와 케롤라 오일이다. 콩기름을 이용하여 요리를 하면 더 고소한 맛이 나며, 요리하는 데도 편리하다. 들기름은 튀김 요리를 할 수 없고 지지는 요리를 해도 콩기름처럼 깔끔하게 요리되지 않지만 유용한 성분이 많이 있기 때문에 자주 사용하는 것이 좋다. 그리고 올리브유의 경우에도 고온에서 요리하기에는 부적합하나 불포화지방산이 많이 포함되어 있기 때문에 가능하면 튀기는 요리나 샐러드 요리에 사용하는 것이 좋다.

불포화지방산을 이용하여 요리를 한 경우에는 빠른 시간 내에 섭취해야 한다. 불포화지방산이 산소와 결합하면 트랜스 지방을 만들어 오히려 나쁜 영향을 주기 때문이다. 특히 길거리에서 파는 튀김 종류들은 눅눅해져 있는 경우가 많은데, 이것은 기름이 산화되었다는 증거이므로 주의할 필요가 있다.

산성 음식과 알칼리성 음식

흔히 육식을 하는 현대인은 체질이 산성으로 변한다는 이야기를 한다. 그리고 체질이 산성화되면 병이 생기는 것으로 알려져 알칼리성 음식을 골라먹는 사람이 많아졌다.

왜 사람의 신체를 산성 체질, 알칼리 체질로 나누게 되었을까? 이것은 일본의 한 학자가 30년 전에 주장한 이론으로, 일본 내에서도 공개적으로 다루어지고 있지 않으나 우리나라에서는 아직까지 그 이론에 의지하여 pH다이어트나 산성 음식을 기피하고 있다.

우리 몸의 60%는 물이고 나머지의 대부분은 단백질이다. 따라서 몸은 체액이라 불리는 액체 성분에 단백질이란 고형 성분이 녹아 있는 것이라고 할 수 있다. 그런데 모든 단백질은 열과 산도에 의해 변성되기 쉬운 성질을 가지고 있으며, 변성되는 과정에서 제기능을 잃게 되기에 몸은 체액의 산도를 일정하게 유지하려는 장치를 갖고 있다. 그 장치가 바로 콩팥과 폐인데 몸에서 산이 많이 생산되거나 산을 많이 섭취하면 콩팥은 오줌을 통해서 산을 배출하고 폐는 이산화탄소를 배출하여 체액의 산도를 낮춘다.

이처럼 우리 몸은 콩팥과 폐를 통해서 항상 일정한 체액을 맞추고 있는데 보통 사람의 체액 pH_{용액의 산성도를 가늠하는 척도}는 7.4이다. 사람의 체액을 화학적으로 보면 약알칼리라고도 하지만, 거의 중성에 가깝다. 문제는 외부에서 공급되는 음식물에 의하여 우리 몸의 산성도가 변화되는가 하는 것이다.

음식물이 산성도에 영향을 끼치지 않는다고 생각하는 사람들은 산성 식품인 육류를 먹어도 체액의 산도가 높아지지 않는다고 주장한다. 만약 체액이 사람에 따라 산성도가 다르다면 환자의 혈액형에 따라 산성도가 맞는 적절한 피를 수혈해야 하는 것처럼 복잡한 일이 발생한다. 반면 음식물이 몸의 산성도에 영향을 준다고 생각하는 사람들은 현대인 대부분이 산성 과잉으로 고통당하고 있다고 주장한다. 우리가 주로 먹는 음식들이 산성 식품일 뿐만 아니라 스트레스, 약, 각종 질병, 심지어 건강을 위한 운동을 한 뒤에도 몸에 산성 물질이 쌓인다고 한다.

전문가들은 혈액의 산성화가 진행되면 정신적으로 불안정하거나 감정을 제어하기 어려운 공격적 성향이 나타날 수 있으며, 소화불량이나 위궤양, 위출혈 등을 동반할 수 있다고 한다. 또한 콜레스테롤 수치가 높아지고 혈액이 탁해지거나 잘 응고되기 때문에 혈액순환이 안 된다. 이로 인해 고혈압 등과 같은 성인병 발병률이 높아지고 질병이나 바이러스 등 외부환경에 대한 저항력도 현저히 떨어지게 된다고 한다.

그렇다고 해서 알칼리성 식품이 무조건 좋은 것은 아니다. 지나치게 채식만 하고 육류를 섭취하지 않으면 단백질과 철분, 칼슘 등이 부족해서 빈혈, 골다공증, 대사장애 등이 초래될 수도 있기 때문이다. 따라서 산·알칼리 균형을 맞추는 식생활은 더 이상 옵션이 아닌 필수라고 한다.

식품을 연소시켜 발생하는 연소 가스 또는 재를 물에 녹였을 때의 용액이 산성이냐 알칼리성이냐에 따라 음식물의 성분이 구분된다. 따라서 칼륨, 칼슘 등이 많은 야채나 과일류는 대체로 알칼리성이 강하고, 유황이나 질소 등이 많은 육류 등은 아황산과 아질산 등이 많아서 강산성을 띠는 것이 일반적이나, 그 구분이 힘든 경우도 많다. 따라서 산성과 알칼리성을 정확하게 구분해서 섭취하는 건 불가능할 수도 있다.

하여간 우리 몸의 체액이 산성 체질, 알칼리성 체질로 변화가 되건 안 되건 우리의 식단을 보면 산성 식품을 많이 먹는 것을 알 수 있다. 산성 식품이 산성 체질에 큰 영향을 준다고는 확신할 수 없지만 우리 몸의 콜레스테롤을 높이거나 자극을 주는 음식인 것만큼은 사실이다. 따라서 우리의 건강을 위해서 산성 위주의 식사에서 벗어나 균형 잡힌 식사를 하는 것이 건강을 지키는 가장 중요한 길이라고 할 수 있다.

산성 식품과 알칼리성 식품의 비교

	산 성	알칼리성
콩류	강낭콩, 검은콩	대두, 흰 강낭콩, 콩가루, 두부, 완두콩
과일류	오렌지, 바나나, 파인애플, 복숭아, 수박, 사과, 베리류, 감, 포도, 딸기, 말린 과일, 절인 과일	라임, 레몬, 자몽, 코코넛, 버찌
곡류	백미, 흰빵, 보리, 옥수수, 호밀, 밀가루	메밀가루
야채류	감자, 버섯	새싹, 민들레, 오이, 브로콜리, 파슬리, 시금치, 양배추, 피망, 상추
육류, 가금류, 생선	돼지고기, 쇠고기, 닭고기, 달걀, 조개	
오일류	마가린, 버터, 옥수수유, 해바라기씨유, 포도씨유, 카놀라유	올리브유, 코코넛유, 아보카도유, 아마씨유, 달맞이꽃 종자유
조미료	카레, 케첩, 마요네즈, 머스터드, MSG, 맛소금	천일염, 고춧가루, 마늘, 생강, 허브
우유 및 유제품	치즈, 아이스크림, 요구르트	모유
음료	알코올, 증류주, 과일 주스, 맥주, 차, 커피, 와인	알칼리수, 증류수

가공식품이 몸을 망친다

조물주는 모든 생명체들에게 외부 공격으로부터의 자기 방어수단을 마련해 주었다. 동물들은 자신의 보호색이나 공격 무기를 지니고 있거나, 빠른 발을 이용해 위험 장소에서 벗어날 수 있도록 하였다.

그러나 식물의 경우는 어떠한가? 특히 식물 종자의 경우, 인간을 포함한 다양한 동물들의 식량이 되면서도 자신의 종種을 번식시킬 방안을 구축하고 있다. 대부분의 식물 종자들은 특별한 성분들을 미량 함유하고 있어 동물들이 섭취시 소화되지 못하게 만든다. 예를 들어 생콩이나 은행을 먹게 되면 속이 더부룩하고 설사를 하게 되는 것도 그러한 이유이다. 또한 식물의 잎이나 줄기에 있는 엽록소도 과잉 섭취하면 간에 무리가 되며, 일부 채소의 뿌리 부분도 신장에 안 좋은 영향을 주는 성분이 있다.

음식을 천연의 상태로 먹는 것은 자연친화적인 의미는 있지만 이처럼 위생적으로나 영양학적으로 문제점을 안고 있다. 자연 그대로 먹어도 괜찮은 것들이 있는 반면 그렇지 못한 식품들은 미생물에 의한 식중독의 위험뿐 아니라 반反영양적 성분들로 인해 건강을 해칠 수도 있다. 특히 곡류나 콩류를 가열하지 않고 먹을 때 주로 소화가 안 되거나 영영분 섭취가 되지 않는다.

인간은 이러한 위해 요소를 제거하는 방법으로 불을 이용하는 지혜를 발견하였다. 불의 이용은 인류의 평균수명을 비약적으로 증가시켰다. 체온 유지, 맹수나 독충으로부터의 안전, 음식의 가열 조리 또는 훈연이나 열에 의한 식품의 건조와 저장 등 수많은 문명을 진화시켰다. 특히 가열, 훈연, 건조방법은 지금까지도 식품 가공의 기본 원리가 되고 있다. 가열은 위해 요소를 제거하는 효과뿐만 아니라 살균으로 인한 저장성을 높이고 맛을 좋게 하는 가공방법이다.

한동안 인류는 가열, 건조, 염장salting, 자연발효 이외에 특별한 가공법을 지니지 못했다. 그러다가 1795년 획기적인 병조림법이 탄생되었다. 나폴레옹이 한창 정복 전쟁을 일으킬 당시 니콜라스 아페르란 사람이 고안한 방법으로, 식품을 살균하여 장기간 저장하는 방법이었다. 이를 토대로 1810년 영국에서 지금의 캔 통조림을 개발하였는데, 이것이 식품 가공의 효시라 할 수 있다.

그 후 지금까지 200여 년간 식품 산업은 그야말로 획기적인 발전을 거듭하여 지금은 생물공학뿐 아니라 우주 과학기술까지 식품산업에 도입된 가공식품을 시장에서 쉽게 만날 수 있다. 의약산업과 생물공학 분야에서 세포 건조에 쓰이는 동결건조 방법을 도입하여 커피를 제조한다거나, 분자량을 분리해 내는 기술을 이용하여 식재료에서 미량의 유용 성분을 얻는다거나, 초고압을 이용하여 동식물 먹거리에서 필요한 부분만을 추출하는 모든 기술이 바로 순수화학 기술을 응용한 것이다. 이렇듯 식품 원료를 정제하는 기술은 인류의 식생활을 윤택하게 바꾸어놓고 각 식품마다 적절한 방

조리 방법에 따른 가공식품의 종류

구분	종류
통조림 · 병조림	과일류 · 채소류 · 육류 · 생선조개류 등
건조가공식품	오징어 · 박고지 · 호박고지 · 무말랭이 · 북어 · 김 · 미역 · 다시마 · 고사리 · 도라지 등
절임 가공식품	김치류 · 장아찌류 · 젓갈류
설탕절임 가공식품	잼 · 마멀레이드 등
훈연가공식품	햄 · 소시지 · 생선 조개 훈연제품
냉동가공식품	조리 또는 반조리 식품을 냉동한 것
발효식품	청주 · 맥주 · 약주 · 위스키 · 과실주 · 간장 · 된장 · 고추장 등
레토르트 가공식품	카레 · 스파게티소스 · 해시드 소스 등
냉동건조식품	커피 등

법을 적용하여 수많은 종류의 가공식품이 개발되었다.

최근 식생활의 변화와 가공기술의 발전에 따라 가공식품의 소비가 급격히 증가하고 있다. 한국인의 전체 식품소비량 중 가공식품이 차지하는 비율은 비교적 낮은 편이지만 주부들은 점점 간편한 조리를 원하고 여가활동이 많아지는 추이를 보면 가공식품의 소비는 갈수록 증가하고 있는 추세이다. 조리방법에 따른 가공식품의 종류를 보면 다음과 같다.

가공식품 안전하게 먹는 방법

가공식품이 건강에 특별히 신경이 쓰인다면 다음과 같이 안전하게 먹는 방법을 알아두는 것이 좋다.

: 유효 기간을 확인해야 한다. 유효 기간이 지난 것은 방부제가 들어 있어도 형질이 변경될 가능성이 많다.

: 포장지에 구멍이 없어야 한다. 외형상 제품이 부풀어오른 것이나 포장지에 바늘구멍pin hole현상이 발생한 것은 구매해서는 안 된다. 제품이 부풀어 오르거나 바늘구멍이 있는 것은 내용물이 누설되거나 부패, 변질된 것일 수 있기 때문이다. 바늘구멍 확인은 보통 물통 속에 넣어 눌러보면 공기 방울이나 내용물의 분출 유무로 쉽게 확인할 수 있다.

: 성분 표시를 확인한다. 가공식품을 구매할 때는 겉 포장지에 있는 성분 표시를 확인하여 식품에 들어 있는 가공 설탕, 소금, 첨가물의 양이나 종류를 확인하여 이들의 양이 많이 들어 있거나 확인되지 않은 첨가물이 들어 있는 가공식품은 구매하지 않는 것이 좋다.

: 안전한 포장용기를 선택한다. 포장용기가 해롭지 않거나 버린 뒤에 내용물을 조리할 수 있는 것을 선택해야 한다. 포장용기의 화학물질 중에는 잔류하여 식품과 접촉했을 때 인체에 영향을 나쁜 미치기 때문이다. 실제로 플라스틱 용기에 열을 가하면 인체에 유해한 성분이 녹아나오게 된다. 따라서 포장용기에서 내용물을 꺼내어 안전한 도기나 자기에 담아 조리하는 것이 좋다.

건강한 노후를 위한 식생활

노인이 되면 치아 상실, 활동 부족, 유당 소화 불능, 감각 기능의 상실냄새, 맛, 배설 곤란, 만성질병, 소화기능 저하, 신체적 쇠약 등이 발생하여 젊었을 때처럼 잘 먹지 못하게 된다. 따라서 노인이 되면 건강을 유지하기 위하여 식생활 습관에 유의해야 한다.

일반적으로 노인이 되면 근육질의 감소로 필요한 열량이 감소하며, 씹는 기능이 약해지고 후각과 미각 기능이 감소하여 맛을 점점 느끼지 못하게 되므로 먹는 양이 줄어든다. 노인의 건강을 위한 식생활 관리를 알아보면 다음과 같다.

지켜야 할 식생활 습관

: 조리를 할 때는 한 가지 영양에 치우치지 않고 골고루 섭취할 수 있도록 식단을 짠다.

: 자신의 식습관을 파악하여 잘못된 습관을 고치고 몸에 좋은 음식을 섭취한다.

: 식사하는 시간을 지켜야 한다.

: 식사를 준비할 때 가능하면 장보기, 조리하기, 설거지 등에 직접 참
 여한다.

: 미각세포가 죽기 때문에 너무 짜지 않고 맵지 않도록 고려한다.

: 나이가 많을수록 단맛을 좋아하는데 당뇨에 주의해야 한다.

: 과식을 피하고 치아 건강에 따라 요리한다.

: 면역 기능의 감소로 감염이나 암이 잘 발생하기 때문에 의심스러운
 음식을 먹지 않도록 한다.

: 골다공증 예방을 위해서 칼슘 식품들을 많이 먹어야 한다.

: 단백질은 양질을 선택하여 알맞게 섭취한다.

: 동물성 지방은 피하고 식물성 지방을 우선으로 섭취한다.

: 지나친 염분 섭취를 제한한다.

고혈압 예방을 위한 식생활

: 싱거운 맛에 익숙해져서 소금을 하루 10g 이하로 섭취한다.

: 정상 체중을 유지하기 위해서 하루의 섭취 칼로리에 맞추어 운동을
 한다.

: 신선한 야채를 섭취하고 변통을 잘해야 한다.

: 조미료는 삼가고, 식품 자체의 맛을 살린다.

: 콩류나 콩으로 만든 된장국, 청국장의 건더기를 많이 먹는다.

동맥경화증 예방을 위한 식생활

: 콜레스테롤의 섭취량이 하루 300mg를 넘지 않도록 한다. 하루 계
란을 2개 이하로 먹고, 육류나 유제품은 되도록 적게 먹는 반면 저
지방 우유, 식물성 기름을 먹는다.

: 총 에너지 섭취량 중 지방이 차지하는 열량이 30% 이하가 되도록
하며, 탄수화물의 섭취는 50% 정도로 하고, 단백질은 15% 정도 되
도록 한다.

: 포화지방산의 섭취는 줄이고 불포화지방산 대 포화지방산의 비율
을 1:1로 유지한다.

: 정제된 당은 피하고 과일이나 야채에 들어 있는 당을 먹도록 한다.

: 비타민 B_6, 나이아신, 비타민 C, 비타민 E등을 충분히 섭취한다.

: 식물성 섬유가 많은 해조류, 버섯 등의 저칼로리 식품을 많이 섭취
한다.

: 불포화지방산이 많이 들어 있는 등푸른 생선의 단백질을 이용한다.

: 버섯은 저칼로리 재료로 콜레스테롤을 낮추는 작용이 있어 많이 먹
어도 된다.

당뇨병 예방을 위한 식생활

당뇨병의 치료 목적은 높아진 혈당치를 정상에 가깝도록 조절하
고 이에 따르는 뇌졸중, 신장병, 간장병 등의 합병증을 예방하거

나 지연시키는 것이다.

: 적정 체중을 유지하며 에너지를 섭취한다.

: 균형 있는 영양소를 섭취한다.

: 녹황색 야채를 충분히 섭취한다.

: 과자류와 알코올을 제한한다.

: 외식시 동물성 기름이나 설탕이 많이 든 음식은 피한다.

: 비빔밥과 같이 여러 가지 야채가 골고루 포함된 음식을 섭취한다.

골다공증 예방을 위한 식생활

노인이 되면 소화기에서 영양 물질은 잘 흡수되지만 칼슘의 흡수
는 저하되어 골다공증에 걸릴 수 있다.

: 칼슘을 충분히 함유한 식사를 한다.

: 단백질과 비타민D 섭취로 칼슘 흡수력을 향상시키는 식사를 한다.

참고 문헌 _____

가와시마 세이이치로(2002), 『수명의 비밀을 벗기는 5가지 열쇠』, 중앙일보MI

가와이 가오리(2005), 『섹스 자원봉사』, 아롬미디어

건양대학교 고령친화 RIS 사업 복지팀(2008). 「지역사회 고령친화 복지사업」

　(학생용 지침서). 건양대학교

고토 마코토(2000), 『120세 불로학』, 동방미디어

김승현(2006), 『노년기 건강가이드』, 일조각

김영곤(2000), 『인간은 어떻게 늙어갈까』, 아카데미서적

김욱(1997), 『100문 100답 노화방지』, 풀잎문학

김진한(2002), 『성공적인 노화를 위한 안드라고지의 가능성』, 한국성인교육학회

대한노인정신의학회(2004), 『노인 정신의학』, 중앙문화사

대한상공회의소(2010), 『국내 실버산업 전망』, 대한상공회의소

박상철(2007), 『우리 몸의 노화』, 서울대학교출판부

박재학·김정훈(2010), 『노인상담론』, 파워북

백지은(2006). 「한국노인들의 성공적 노화에 대한 인식-비교 문화적 접근」,

　이화여대 대학원

박태룡(2002), 『노인복지론』, 대구대 출판부

보건복지부. http://www.mohw.go.kr/user.tdf

레이 커즈와일·테리 그로스만(2004), 『노화와 질병』, 이미지박스

안수남(2005). 「노인의 성문제에 관한 연구」 동국대 행정대학원 석사논문

안향림(2003), 『케어복지론』, 나눔의 집

윤현숙·유희정(2006). 「가족관계가 성공적 노화에 미치는 영향」 한국가족복지학

이영철(2003), 『지역사회복지실천론』, 양서원

송미순·하양숙(1995), 『노인간호학』, 서울대학교 출판부

송진영(2011), 『노인복지론』, 나눔의 집

스티븐 어스태드(1997), 『인간은 왜 늙는가?』, 궁리

전도근(2011), 『은퇴쇼크』, 북포스

전도근(2009), 『고추의 매운 힘』, 북오션

전도근(2008), 『우리 집 밥상에서 더할 음식 & 뺄 음식 : 당신의 밥상은 안전한
가?』, 북포스

조유향(2006), 『노인질환관리』, 현문사

조유향(1995), 『노인보건』, 현문사

조한종, 『조한종의 시니어 문화체험』, 시니어 타임즈

조한종의 시니어 카페

최성재. 장인협(2002 개정판), 『노인복지학』, 서울대학교 출판부

통계청. http://www.nso.go.kr/

토마스 펄스 외(1999), 『하버드 의대가 밝혀낸 100세 장수법』, 사이언스북스

한국노년학회(2000), 『노년학의 이해』, 대영

한림대학교 고령사회연구소(2010), 「한국 노인의 삶 : 한림고령자패널 2005」,

소화

『노년시대』, 2010.09.15

『경제신문』, 연합뉴스 2001.5.23

『조선일보』 2002. 3. 30, 2011. 1. 5, 2011. 2. 6, 2011. 1. 4, 2011. 1. 17,

2011. 1. 10, 2011. 1. 13,